仙人記

夢創塾とわたしの歩み

長崎喜一

北日本新聞社

夢創塾

目次

プロローグ　炭を焼く人

暗い杉林の急斜面を登りきると、雑木が広がって山は一気に景色を変える。風はやや肌寒く、平地よりひと足早く秋が深まっていた。わたしは樹齢30年を超えるナラの木にチェーンソーを当て、一気に切り倒した。枝を払い、幹を1メートル弱の長さに切り揃《そろ》える。下草や灌木《かんぼく》が茂る森の中の作業は容易ではなく、すぐに体が汗ばみ始めた。

数日かけて20本のナラを切り倒した。炭の原木2窯分、総重量は4トンを超える。切り揃えた原木は一本一本、上から杉林の急斜面を転げ落とす。山仕事の言葉でこれを「まくり出し」と言う。途中、スギの幹にぶつかりながら、運よく下まで転がっていく木があれば、引っかかってしまう木もたくさんある。

何とか山からすべて出し終わると、軽トラに積んで、炭焼きの窯がある広場に運んだ。1往復では終わらない。原木を荷台に積んで、下ろしての繰り返しになる。若いころから鍛えてきたとはいえ、80歳を超えた老体には重労働だ。

「ナラが最高の炭になる」

昔、父はそう言って炭を焼いていた。

だから今回は、ナラ炭だけを作ることにした。広場に運んだ原木は縦に四つ割り、太ければ八つ割りにする。炭にする原木は、太さ10センチほどがちょうどよく焼き上がる。生木を縦に割るのも、経験と体力勝負である。ようやく窯に収める準備を終えるまで、伐採を始めてから2週間近くかかった。原木は、ここからは「窯木」と呼ぶ。

炭焼きの窯は、土と石でできた、大きな「かまくら」をイメージすると分かりやすい。横幅より、少し奥が深い。正面に狭い出入り口があって、奥の下には煙突に通じる排煙口がある。

まず出入り口から窯木を運び入れ、びっしり縦に並べて詰めていく「建て込み」だ。狭い空間にかがんでの仕事になるので、すぐに腰が疲れ息が切れてくる。窯木は重い。わたしは無理をせず、日にちをかけて進めることにした。

ある程度建て込んだところで、いったん搬入を中断。火入れ前の準備として、奥の排煙口の中で、木や炭を一昼夜燃やし続ける。石と粘土でできた煙道を温めることで、炭を焼く本番で排煙の引きがよくなり、窯内部の温度上昇が容易になるのだ。この間に、裏山から赤土を掘り出してきて、水で練って大量の粘土を作った。

建て込みを終えると、出入り口との間に仕切り材を立てる。次に2時間かけて、出入り口を粘土とレンガで塞《ふさ》いでいった。このとき火を燃やす焚《た》き口の空間と、空気穴は塞がずに残す。そしていよいよ火入れだ。

翌朝、焚き口に薪《まき》を詰めて燃やし始めた。火勢を保ち続ける。夕方に、後ろの煙突から出る煙の温度が82度になった。内部で窯木の炭化が始まる温度だ。こうなれば焚き口の火を消しても、中の窯木は自ら熱を発しながら炭化していく。順調に炭化が進むよう、ここで焚き口も粘土で塞ぎ、残った空気穴を調整し、煙突の穴を絞った。この絞り加減が、炭の出来不出来を左右する。

炭窯の中で、窯木は4、50時間かけて、上から下へと炭化していく。煙突からたなびく煙の色は白から青に変わり、やがて無色になる。煙突の途中に開けた穴から、煙の水分が垂れ落ちてきてこれが木酢液である。

焚き口を塞いだ2日後、わたしは煙の色と香りで炭化の完了を判断し、空気穴と煙突を塞いだ。窯を念入りに密閉して、すべての作業が終わった。後は1週間かけて、窯全体がゆっくり常温に戻るのを待つだけだ。

わたしは窯の横に寝そべった。窯の熱で暖かく、まだ無色の煙が辺りに漂っていて、心地いい香りがした。25年続けた炭焼きの思い出が、次々とよみがえってくる。黙々と原木を縦割りしているところへ、ひょっこりタヌキが出てきたことがあった。あれはずいぶん昔、まともな炭が焼けずに苦労していたころだった。

わたしは今回を、人生最後の炭焼きと決めていた。令和4（2022）年11月19日のことだった。

アメリカ　グレーシャーピーク登頂　2009年

第1章
山とわたし

里山に育つ

富山県朝日町の蛭谷《びるだん》は、日本海に近い町の中心部から、車で20分ほど山へ上った谷筋に位置する。集落の横を流れる「小川」は、下流で扇状地を形成して海に注ぐ。上流に目をやれば北アルプスの朝日岳や白馬連山がそびえ、新潟と長野県に接している。

蛭《ヒル》がいないのに、なぜ蛭谷なのか。言い伝えがある。平安時代に朝廷から山々に入る許可を得た木地師たちが、良木を求めて各地を巡っていた。その一部がこの地に定住するようになった。彼らの故郷が、近江国の蛭谷だったことによるという。近江国蛭谷は、現在の滋賀県東近江市蛭谷町。木地師発祥の地として知られ、ここの蛭谷は「ひるたに」と読む。

江戸時代元禄年間の加賀藩の史料には、越中蛭谷村の産物として「臼ころ」「中折紙」が記されているから、当時は木地師として臼などの木製品を作った技術が残っていたのだろうか。また、すでに紙を漉《す》いて産物としていたことが分かる。藩政期には「蛭谷紙」として重宝された。

さらに近年の調査によると、旧家の壁紙の下張りとして使われていた古文書には、慶応元（1865）年に、蛭谷村が加賀藩へ「干しゼンマイを献上したい」と申し出たことが記されていたという。江戸から明治にかけての暮らしぶりがうかがえる。

耕作地に恵まれない蛭谷村の先人たちは山に入って炭を焼き、ゼンマイを収穫して出荷し、和紙を作り、熊撃ちを生業《なりわい》とする人もいた。米作りはわずかな平地、さらに斜面にも棚田を拓《ひら》いたが、主に暮らしを支えたのは「山稼ぎ」である。蛭谷村は明治22（1889）年、近隣の数村と合併して下新川郡南保村になった。

昭和16（1941）年4月16日、わたしはその南保村の蛭谷で父・長崎清と母・ゆりゑの長男として生を受けた。後に弟2人、妹1人が生まれ、また南保村は戦後の合併で朝日町の一部に組み込まれた。

わたしがようやく物心ついたころは、太平洋戦争のさ中だった。父は軍に招集されており、母や祖母からは「お父さんはトラック島にいる」と聞かされていた。その島が一体どこにあるのか、子どもには知るよしもない。

わたしにとって唯一の戦争体験は、山の向こうの遠い空が、赤く染まった夜の記憶だ。富山大空襲だった。やがて日本は終戦と戦後の動乱期を迎えるが、山の集落の子どもにとっては、どこか遠い世界の出来事として日々は過ぎていった。

ある日、遊び疲れて家に帰ると、見たことのないちょび髭《ひげ》の男がいた。

「お父さんだよ」

母にそう言われたが、わたしはどぎまぎして恥ずかしく、思わず物陰に隠れてしまったことを覚えている。髭を生やした大人を見るのはその時が初めてで、少し怖くもあったのだ。

父が戦争から帰り、ようやく我が家も戦後の新しい時代に踏み出した。

集落には南保小学校の蛭谷分校があり、4年生まで学んだ。地域の人たちに見守られ、山や森、小川に入って山菜採りや川遊びを楽しんだ。

小学校5年から、集落の同級生26人は4キロほど離れた本校へ通った。朝は走るように登校したから、子どもの足とはいえ4、50分もあれば着いてしまう。下校時は道草三昧《ざんまい》。通学路に沿って大きな用水があり、枝や棒を投げ込んで流れる速さを競う「棒流し」が、仲間内の人気の遊びだった。だが、遊んでばかりはいられない。

長崎家は農業と林業、炭焼きなどの山仕事を生業とし、雪深い冬は和紙作りに忙しかった。父は朝早く家を出て山や田へ行き、暗くなるまで帰ってこない。子どもたちにもさまざまな仕事が与えられ、それは家族の一員として当たり前のことだった。

生業と子どもたち

学校から家に帰ると、家業の手伝いやヤギの餌やりが待っている。なぜ手伝わなければいけないのかと反抗し、離れの蔵に入れられたこともあった。わたしに任された重要な仕事の一つは棚田の「水番」、つまり水管理だった。

集落から細い道を4キロほど行った山あいの通称・柿ノ木谷に、我が家の棚田があった。7枚の田が段々になり、最上段はワサビ畑。周囲の斜面は泥止めのコウゾが植えてあり、コウゾは冬に作る和紙の原料になる。

棚田は谷川から水路を掘って水を引いていた。100メートルほどのくねった細い水路は、激しい雨風の後など、崩れた土や石が塞いでしまうことがある。水が流れているかどうか確認し、詰まりがあれば元に戻すのが水番の仕事である。

10歳になったころから、わたしは棚田へ通った。柿ノ木谷への山道を一人で歩くのは心細く、おっかなかった。それでも棚田に到着すると、ここだけの景色がわたしを迎えてくれた。正面に朝日岳が臨めたのだ。

「きれいだなあ」

子どもながら、わたしは山の姿に見とれた。

父の手伝いとして、棚田へ行くこともあった。昼になると、父は最上段の畑からワサビを取ってきた。その辺に転がっている手の平サイズの平石を探し、水洗いすると、ザラザラした表面でワサビを擦りおろした。

弁当に持ってきたのは、おにぎりと自家製の味噌《みそ》。父は石の上でワサビ味噌に練り合わせ、これを白いおにぎりに塗った。子どもには思わず顔をしかめる辛さだったが、やがてお米の美味《おい》しさが口の中に広がる。澄んだ飲み水は、谷川を流れていた。今思えば何と貧しく、そして贅沢《ぜいたく》な昼飯だったことか。

ワサビは棚田だけでなく、湧水地や用水の取水口にも自家用に栽培してあり、欠かすことのできない味、そして食欲増進剤だった。我が家では早春のころ、ワサビの茎、葉、根っこを3センチほどに切り揃え、塩揉《も》みして熱湯にひたした。瓶に詰めて密閉し、3、4時間もすれば食べられるようになる。辛さは一瞬頭が割れそうなほどで、次に鼻の奥にツーンときて抜ける。

自家製の味噌は毎年、暮れになると7キロ離れた麹屋《こうじ》まで自転車で買い出しに行って作った。麹は味噌だけでなく、子どもたちの大好きな甘酒、さらに大人のどぶろく作りに必要だった。どぶろくは各家でこっそり仕込む、今なら密造酒である。わたしは蔵の中で作られていたどぶろくの上澄みを盗み飲みして寝込んでしまい、父から大目玉を食らったことがあった。

里山の食に欠かせず、また出荷して生計の助けにしたものに山菜がある。皮剝《む》きや塩の使い方、どう調理するか、台所で祖母は母に教えた。そばで手伝うわたしも、いつの間にか覚えていた。ゼンマイを白和《あ》え、またはゴマ和えにしてワサビを添えれば、今も最高の山菜料理だと思う。

当時の米作りは、無肥料無農薬だった。周囲に山が迫る我が家の棚田は、いったん害虫が入るとたちまち全体に広がった。普通は15、6俵収穫できる田から、2、3俵しかとれない。そんな年の両親の嘆きもまた、強く子どもも心に残った。

やがて弟たちが成長すると、水番は子ども全員の受け持ちになった。後年、棚田は埋め立てでならされ、現在の夢創塾がそこに生まれることになる。

我が家には2匹のヤギと、ニワトリが飼われていて、餌やりと乳搾りも子どもたちの役目だった。もっとも、これは楽しい仕事だ。乳を瓶に詰めて近所に売る。売り上げはわたしたちの小遣いとして認められていたからだ。

そのころ牛乳は高級品で手が出ず、集落ではみんなヤギの乳を飲んだ。きょうだいは少しでも多く小遣いを稼ごうと、栄養がありそうに見える葉っぱを探し集めてはヤギに食べさせたものだ。

農閑期になれば和紙作りである。家の土間の一部が作業場になっていて、紙漉き舟2基、大きな乾燥機などが置いてあった。

冬の仕事は寒くて、辛い。紙を漉く前に「紙叩《たた》き」と呼ぶ工程がある。白いコウゾの皮を平らな御影石の上に並べ、専用の木の杵《きね》で叩き続ける。叩くほど、繊維がほぐれて柔らかくいい紙になる。技術より根気が必要な作業で、一番よく手伝ったのがこれだった。どれだけ叩けば仕上がりなのか、子どもにはさっぱり分からず、好きになれなかった。

父と一緒に「雪さらし」もやった。晴れた日、コウゾの皮を積もった雪の上に並べ、紫外線で漂白する。日に2、3回裏返して均等に太陽にさらすのだが、子どもの小さな手はすぐにこごえて感覚がなくなる。今思えばどれも手伝いというより、和紙作りの工程を、わたしに覚えさせるのが目的だったのかもしれない。集落では紙漉きは嫁の仕事。わが家でも主に母が漉き、父は紙の乾燥などに大忙しだった。

現在は八尾、五箇山と蛭谷の三産地を総称した「越中和紙」が、国の伝統工芸品に指定されている。わたしは父から蛭谷和紙の歴史は400年と聞かされたが、先に紹介した加賀藩の史料以前の、さらにどこまで起源が遡《さかのぼ》るのかはっきりしない。売薬さんが薬袋を束ねる帯紐《ひも》や障子紙、商家の帳面紙に使用された。紙叩きが念入りで、紙質が強かったからだという。「朝日町誌」によると、蛭谷は明治以降、岐阜の美濃《みの》和紙の職人を招いて技術を学び、村を挙げて品質向上と生産拡大に取り組んだ。こうして大正から昭和初期にかけて蛭谷和紙は全盛期を迎える。わたしが子どもだった昭和20年代は、伝統産業が急速に先細りしていく時代だった。それでも集落にあった120軒のうち、35軒ほどが和紙を漉いていた。おばちゃんたちが大きなタライに、白いコウゾの皮を浸していた光景が、今も目に浮かぶ。

こうして棚田の水番をし、ヤギの乳を搾り、紙叩きをしてわたしの小学校時代は過ぎていった。

朝日岳登山

中学は小川中学校へ進んだ。わたしをはじめ蛭谷の同級生たちは、〈びるだん語〉丸出しの山猿集団だ。方言も方言、山稼ぎと和紙作りを生業にする集落の話し言葉である。早口で話そうものなら、聞く方はほぼ理解不能だろう。

最初は何とも肩身が狭かった。ところが入学して間もなく開かれた学年別マラソン大会で、山猿集団は大いに面目を施した。わたしは2位に入賞し、蛭谷の同級生が優勝するなど上位を独占したのだ。体力に自信を持ったわたしはバレーボール部に入り、猛練習に明け暮れた。下新川郡の強豪チームになり、3年生の郡大会で優勝した。

中学2年の7月下旬、父に連れられて朝日岳に登った。

父は山稼ぎが多かったので、奥山を歩くことは生活の一部であり山に詳しかった。日ごろから朝日岳を指してこう言っていた。

「あそこから流れてくる水が、村の田んぼの水や」

どんな経緯で親子登山をすることになったのかよく思い出せないが、こうした父の思いが背景にあってのことだったろう。朝日岳は後立山連峰の北部に位置し、富山と新潟県にまたがる標高2418メートルの山である。朝、下から見て「最初に太陽に染まる山」が名称の由来になっている。

登山は1泊2日の行程で、夜明け前の午前3時ごろ家を出発。父は作業衣に地下足袋、頭にハチマキという姿。大風呂敷に米、合羽《かっぱ》、弁当を包んで、カガルと呼ぶ藁《わら》で編んだバッグに入れて担いだ。わたしの方は運動服とズックに帽子で、雨具のポンチョなどを入れた袋を担いで帯で結んだ。

要は、父は山仕事、わたしは体育の格好である。

「1日中歩くから自分のペースを守れ」と言われて小川温泉の奥から登山道に入った。天候に恵まれ、逆サマ谷沿いに北又の吊《つ》り橋を渡り、昼前には五合目のブナ平に到着。残雪が美しく、父は途中、ゼンマイの群生地などを教えてくれた。

ブナ平には水場があり、休憩して弁当を食べることになった。ゆっくり休んでも、目指す朝日小屋には余裕を持って到着できる。弁当はおにぎりに梅干し、イワシ。水場で汲《く》んだ冷たい水がおいしかった。

ところが朝が早かったせいもあり、気を許したわたしたちはぐっすり寝込んでしまったのだ。目が覚めると午後4時近く。これには2人ともびっくりした。余裕を持った山行のはずが、急がなければ日没までに山小屋にたどり着けない。

息を切らせて、なんとか朝日小屋に入ることができた。そしてこの時、小屋へ急ぎながら見た光景がわたしの目に焼きついたのである。

雲海に沈む真っ赤な太陽と、山々の神秘的な姿。雲上の夕暮れは、刻々と色を変えて夜へと向かった。「これが極楽か」と、子ども心に思った。

家の仏壇の前で、極楽という世界があることは母や祖母から聞かされていても、具体的な実感を伴って理解したことはなかった。ところが目の前に広がる光景は、別世界の美しさだった。翌朝のご来光もまた、生まれて初めて見る荘厳さだった。

感動が忘れられないわたしは、8月のお盆過ぎ、テントを背負って今度は単独で朝日岳に登った。

ところが昼過ぎから雲が出て小雨になり、夕方には本降りになった。持っていたのはテントと言うより、防水加工をした使い古しの布製シート。支柱もなく、ハイマツの樹間に渡してテントの代用にするつもりだった。これでは雨風が吹き込み、寝るどころではない。夏とはいえ、寒さで地獄にいる思いを味わった。

朝日小屋の主人が見かねて小屋に泊めてくれた。軽装で登山ルート図もなく、天気情報も知らない無謀さだった。わたしは自然の厳しさ、怖さを身に染みて知った。

天国と地獄。二度の体験は、その後長く山とかかわるわたしの出発点になった。当時通った小川中学校はその後廃校になり、今はない。

書生生活

昭和32（1957）年、泊高校に入学したわたしは山岳部に入った。蛭谷育ちだけに岩場登りは得意だったし、何より朝日岳で見た別世界が忘れられなかったのだ。

入部してすぐに春山の僧ヶ岳。雪上にテントを設営し、まず雪を融《と》かして水を作った。その水を炊事から洗顔までに使う。水の大切さと無駄にしない使い方を学んだ。3年間はテント設営、砂袋を担いでの体力作り、ザイル操作、ザイルで下降する訓練などに明け暮れた。

泊高校山岳部はマイナーな部だったが、OBでアルピニストの薬師勝美さんが合宿に来て指導してくれた。わたしたちは剱《つるぎ》沢でのピッケルやザイルの操作訓練に始まり、近代登攀《とうはん》用具を使っての八ツ峰縦走など、高度な登山技術を徹底して叩き込まれた。

山で合宿を繰り返す中、下級生が雪渓でピッケル操作を誤り、自分の太ももを刺してしまう事故が起きた。その場で止血し、けがをした下級生を交代で担いで、必死に室堂までたどり着いた。室堂から救急車を呼んだのかどうか、その先は確かな記憶が残っていないが、登山は真剣勝負の世界なのだと、改めて身が引き締まる体験だった。

自然の美しさと一体になることができる半面、ミスはたちまち生命の危険につながる。厳しい訓練を通じ、登山の基礎技術を学んだことは、わたしの一生の財産になった。

山岳部の活動に打ち込みながら、わたしは3年生になったころから進路について考え始めた。「将来は農業の先生か、公務員になりたい」と思い、東京へ出て故郷を離れることになる。

昭和35（1960）年、わたしは東京農業大学に進学した。入学して間もなく、登山が好きな守屋喜久雄教授と剱岳の話で意気投合した。守屋教授は地質学が専門だったので山に詳しかったのだ。これが縁になり、守屋教授の紹介で資生堂の役員宅に書生として住み込む話が持ち上がった。

田舎から出てきた純朴で、しかも山男と分かれば、いかにも書生にぴったりに見えたのだろう。書生とは何なのか、現代の若い人にはピンとこないかもしれない。要は男手、何かあったときに家と家族を守る保安要員である。決まった仕事はないが、夜の外出は制限された。食事、部屋代はただで、小遣いまでもらえる。

富山の山奥から出てきたわたしにすれば、夢のような待遇である。果たして書生が務まるか戸惑いながらも、実家の家計の苦しさを思い、体力と気力で乗り切ろうと決意した。

「書生になったから授業料はいるが、生活費の仕送りはしなくていい」と母に手紙を書いた。ところがこの話を知ったとたん、蛭谷では家中が大騒ぎになった。

「東京の人に騙《だま》されている。そんな夢みたいなことがあるわけがない」

説明しても納得してもらえず、結局、心配した父と母が夜行列車に乗って上京してきた。

上野駅に着き、わたしが住み込む目黒区洗足の役員宅を訪ねて応接間に案内されると、ただただ驚いていた。両親にとっては初めて見る、都会の上流社会の生活の一端である。

応接間にはガラスケースに入った豪華な置き時計があり、父はしげしげと見入っていた。わたしはふと、蛭谷の家に掛かっている古びた柱時計を思い出した。息子の言うことが夢でもなければ、騙されているわけでもないと納得して、両親は帰って行った。役員宅ではお土産にと、応接間の置き時計を持たせてくれた。

わたしが書生として住み込んだ役員宅には、おばあちゃん、若い奥さんと幼い女の子がいた。女の子はわたしによくなついてくれ、一緒に寝て寝しょんべんをされたのも懐かしい思い出だ。

大学3年になり、わたしは生涯の師と仰ぐことになる佐藤俊郎教授に出会う。佐藤教授は農業水利が専門で、その分野では日本の第一人者だった。

わたしは水利について無知だった。故郷の蛭谷では、小川の豊かな水で農業を営んでいた。尽きることのない流れに恵まれていたから、農業を左右する水の供給や利権について、深く考える機会も必要もなかったのだ。

佐藤先生の授業で森と水の循環論、流水を継続的・排他的に利用する水利権、灌漑《かんがい》水のほか、防火、消雪など多面的な機能を持つ農業用水の役割を学んだ。目の前に、次々と新しい世界が開けていくようだった。

関心が高まったわたしは、佐藤先生の指導で卒業論文「黒部川・水の秩序論」を書き上げた。この研究は、帰郷して県職員になったわたしの仕事に大いに役立った。

天職

高度経済成長期に突入し、東京オリンピック開幕を半年後に控えた昭和39（1964）年春、わたしは富山県職員に採用された。

最初は入善町新屋地区で、県営圃場《ほじょう》整備事業の計画と実施を担当した。新屋地区は地形が急勾配で、石も混じる河原のような土地だったが、整備によって30アールの大型圃場に生まれ変わった。田植えを無事に終えた地区の住民は感激した表情で美田を見つめ、わたしも感無量だった。

わたしは天職を得た思いがした。

日本は国土が狭く山が多いため、農地は区画が小さく、不整形でいびつな田が多くあった。これでは生産性が上がらず、労働効率も悪い。近代農業を目指す大型圃場整備こそ、時代の最先端を担う究極の事業だと、この仕事を通して確信したのだ。

新屋地区に出現した美田に触発されたのか、周辺地区はもちろん、県内各地が競って圃場整備を実施するようになった。ピーク時、富山県に投入された圃場整備予算は全国の当該予算の1割を占め、工事は年間5千ヘクタールのペースで進んだ。

富山は圃場整備率で日本一になり、併せて水管理の合理化と生産コストの低減を図った。わたしは圃場整備の設計と積算の省力化、標準化にも取り組み、全国基準の作成にも加わった。

やがてわたしは、椎名道三が江戸後期の天保年間に開削した十二貫野用水の、大規模改修に関わることになった。道三は新川郡小林村（現滑川市）に生まれ、農地を拓いて窮乏する農民たちを救おうと、土木や測量術を学んだ。現在の富山県各地や石川県で、用水工事と農地開拓を行なった偉大な先人である。

水の乏しい黒部の台地に水を引いて、農地に生まれ変わらせたのが十二貫野用水だ。標高の高い黒部峡谷奥の尾沼谷川など数カ所に取水口を設け、崖沿いに水路を築いて山を越え、谷を渡り、延々と二十数キロにわたる工事で水を供給している。谷越えルートは、石管を埋めてサイホンの原理で谷向こうへ水を通すなど、高度な技術が用いられている。

県の改修工事は、山すそに沿った水路全線にパイプを敷設する計画だったが、維持管理などを考慮して途中を数本のトンネルで結ぶことになり、農林省から工事認可を受けた。

わたしが担当したのは尾沼谷川を水源にする第一トンネル工事だった。大量の湧水に悩まされながらも、約1・2キロのトンネルは完成した。改修の完了によって、それまで冬は深い雪に埋もれて水が流れなかった用水は、100年以上待ち望んだ通年通水が可能になった。関係者の喜びはひとしおだった。

その後も縁あって、わたしはこの水路の末端部に位置する二つのため池の規模を拡大し、一つに統合した十二貫野湖の造成にも携わった。これによって農業用水の水源確保と周辺の環境整備がいっそう進み、十二貫野湖は渡り鳥がやってくる県民憩いの場になった。

昭和58（1983）年からは、黒部川地区の水利権更新、庄川の農業用水を利用した発電計画のほか、小矢部川水系の臼中ダム建設に伴う水利権取得の申請業務などに追われた。申請に当たっては水利権者と見解の相違が多々あって、繰り返しの協議に明け暮れた。

新潟県の北陸地方建設局には100回以上通い続けた。水利用の地域特性に関する資料などを整備して持ち込み、粘り強く交渉して信頼関係の構築を図った。年月はかかったが、逐次、所定の水利権を取得できたときは、喜びと県民のために仕事ができた満足感でいっぱいになった。

その後は魚津農地林務事務所で、放置されていた慣行水利権を整備して台帳作りを行い、水の利活用にかかわる各地区の権利を明確にした。こうして、大学時代に農業用水の多面的な重要性を学び、水の秩序論を研究したことが基礎になり、公務員としてのわたしは常に水と関わることで、新しい地域作りに力を注ぐことができた。

県境踏査

大学を出て県職員になったわたしは、すぐに県庁山岳スキー部に入った。東京で書生をしていた学生時代も、夏休みになると朝日小屋の小屋番やボッカと呼ばれる荷揚げ人夫をして、山への思いは続いていた。

県庁山岳スキー部は昭和23（1948）年に、山とスキーの好きな仲間が集まり同好会を発足させたのが始まりだ。立山の名ガイド、佐伯利雄さんの支援を受けるなど技術を磨き、やがて部として組織的な登山を目指すようになった。

発足当時は県庁前広場にテントを設営して合宿、自炊して登庁し、3日目に注意されて撤収したり、庁舎屋上からザイルを垂らして昇る訓練をして問題になったりと、勇ましい歴史を持つ部だった。

わたしが入部したころは100人ほどの部員を抱える大所帯。もっとも、若く元気いっぱいだったわたしは少々がっかりした。もっと本格的な山岳会を期待していたのだが、実際は想像していたほどではなかったのだ。

入部して10年余りが過ぎたころ、中東で国境をめぐる紛争が勃発した。これをきっかけに、自分たちが暮らす地の県境の実態を調べ、県民に知らせたいという思いがわたしの中で募った。

現代において県境争いが起きることは滅多《めった》にないが、昔は国境《くにざかい》を巡って越中と越後、飛騨の間で、あるいは隣村との境界について村同士が、激しく権利を主張し合った歴史がある。森林資源は、貴重な財産だったからである。

わたしは昭和52（1977）年正月から、県境300キロ余りを縦断する図面と計画作りに着手した。部員を総動員する概要と踏査計画を提案したのは8月だった。県境踏査は、安易に考えて完結できるほど容易ではない。過去には富山県山岳連盟が計画し、挫折していた。

富山県境は水平距離にして336キロ、細入村猪谷《いのたに》（現富山市猪谷）を中間点にすると東は139キロ、西197キロになる。東は後立山連峰が日本海に落ち込む白鳥山や朝日岳に始まり新潟、長野、岐阜と接する北アルプスの名山ばかり。西に回れば、奥深い白木峰に始まって飛騨、加賀と越中を分ける山並みが続く。

地図上の水平距離と、アップダウンが続く山岳地帯の踏査距離は全く違う。県境の最高地点である白馬岳は標高2933メートルで、最低地点とは約2900メートルの標高差がある。登山道がすべて県境に沿って整備されているはずもなく、道なき道を進む覚悟が必要だった。岩場よりも藪《やぶ》をかき分けて進む「藪こぎ」が体力を消耗し、ときに危険が伴うことを、後に身をもって知ることになる。

翌年は態勢作りだった。部内に県境踏査実行委員会を設け、庶務、渉外、記録、遭難対策などの役割分担を決めて組織化を図った。予算は寄付金も募ったが、頼りは部員からの特別徴収である。装備費、医薬品費さえ極力切り詰め、行動費は部の活動ということで各自が自己負担するしかなかった。実施に向けての討議を毎月開き、計画を詰めていった。

踏査するコースを21区間に分けて担当を決め、ベテランと新人を組み合わせて配置。部員全員が、どこかで1回は参加してもらうことを基本にした。また西に関してはほとんど道がなく、残雪がまだ藪を覆っている時期が踏査しやすいため、現地状況を見て入山することにした。

地図を見れば境界線が引いてあるが、実際に歩くにあたっては県境稜線の三角点70カ所を基準に、必要に応じて地図とコンパスでコースを割り出す。さらに各区間ともチェックポイントでは東西南北の写真を撮影するだけでなく、動植物の種類や分布、地質と地形についても調べる。主な境界にプレートを設置してくることも決めた。

計画、準備に2年を費やした後の昭和54（1979）年初夏、いよいよ第一陣5人が新潟県境の境川から朝日岳に挑んだ。稜線《りょうせん》に至るまで登山道はなく、入山した途端に道なき道を進む藪こぎに部員たちは悪戦苦闘。通常の登山にない難しさを思い知らされた。県境の稜線に延びる登山道・栂海《つがみ》新道に出た後は、まさにハイウエーを走る心持ちだったという。

この年は県東部、翌年は県西部、3年目に岐阜県と接する有峰の大多和峠を中心に踏査し、全区間を完了した。この間、実行計画に従って県境の状況を詳しく調査、記録するとともに、県境標識プレートを設置した。もっとも県境標識については後日、営林署から「勝手な行為だ」と注意を受けた。

踏査前まで、山の尾根である分水嶺《れい》が県境になっていると思い込んでいたが、県西部の石動山周辺は歴史的な経緯から山の傾斜の中に県境があった。地図上では境界線が明確に記されていても、「ここが県境だ」と確信できるのはやはり基準点のみで、常に確定に苦労した。チームによっては、県境を外れて隣の県の村に迷い込んだり、位置を見失ってビバークしたこともあった。またクマに遭遇したり、日が暮れた森の中で火の玉らしき灯りを見るなど、ハプニングには事欠かなかった。

それでも県境から見下ろす富山湾は素晴らしく、山菜やキノコを見つけることもあって、楽しみながら踏査を続けることができた。わたしは氷見市の最西端区で、雑木林の倒木に列をなして生える、鍋の蓋《ふた》ほどもある巨大シイタケに出合った。仲間とリュックに詰めて持ち帰り、満腹になるまで食べた。

大きな事故もなく21区間の踏査が終了した時、わたしたちは安堵と達成感でいっぱいになった。期間中、各チームが書いた区間レポートは「県境を歩く」のタイトルで地元の北日本新聞に連載された。県庁山岳スキー部の活動と県境の状況は、これによって多くの人の知るところとなった。

後日、この記録は『県境を歩く　300キロの苦闘』として本にまとめ、県内はもちろん近県からも注文を受けて好評だった。

マザマス山岳会

21世紀まであと10年に迫った平成2（1990）年、当時の富山県山岳連盟会長、藤平正夫氏から「これからの山登りは自然保護と環境問題が課題になる。政策、モラルが整っているアメリカの山岳会と交流し、勉強してほしい」と、県職員であるわたしに持ちかけられた。県に赴任していたオレゴン州出身の交流員に相談して、紹介されたのがマザマス山学会だった。それから2年間、わたしの心許ない英語で米国オレゴン州にあるマザマス山岳会と文通が始まり、交流の準備を整えた。メールのような便利な通信手段はまだないころだ。

その間にわたしは黒部市に出向し、ここで市の国際交流員だったリチャード・ヒンギス氏と親しくなる。彼を通して、両山岳会による日米交流親善登山案などが一気に具体化した。県山岳連盟は、平成5（1993）年に創立45周年を迎えた。これを記念し、ヒンギス氏に通訳を頼んで、いよいよマザマス山岳会を訪問しようと連盟の7人が渡米した。

マザマス山岳会は2700人の会員を擁し、集会場、図書館、研修室を備えた事務所を持つ巨大クラブだった。海外への遠征登山はもちろん、拠点とするカスケード山脈の自然保護活動、観察研究と環境教育、レクリエーション活動などさまざまなプログラムを実行していた。

カスケード山脈はカナダ南端からワシントン州、オレゴン、カリフォルニアまで3500キロに渡って続く長大な山々だ。そこには「聖なる山」と呼ばれる3000から4000メートル級の16座がある。ほとんどが独立峰に近い山で、氷河があり、かつては山麓に住むインディアンから「神の山」と敬われていた。

現在は周辺も含めて国立公園になり、自然保護が徹底している。動植物最優先はもちろん、登攀のハーケン打ちは禁止し、大便は持ち帰らなければならないなど、富山の山登りの参考になることは多々あった。どの山も入山料金とガイドが必要で、環境保護のためのパトロールも空と陸からされている。

渡米したわたしたちは、アメリカの山男たちから大歓迎を受けた。交流の第一歩として、富山の山男たちはカスケード山脈の「聖なる山」の一つ、セント・ヘレンズ山に登頂した。下山後は登頂祝賀会と歓迎会で懇親を重ねた。

両山岳会はこの時「富山県山岳連盟はカスケード16聖山を、マザマス山岳会は日本百名山を互いに親善登山する」という内容の友好締結を交わした。相互招待による登山交流がここから始まった。そしてわたしは、マザマスの登山委員長だったダグ・ウィルソンさんと出会った。以降、ダグさんのガイドで全聖山を踏破し、生涯の岳友となった。

16 聖山踏破

友好締結の翌年はマザマス登山会百周年記念行事に招待され、藤平会長以下わたしを含めた8人が渡米した。フッド山のふもとの国際的な保養地にある、チェンバーラインロッジで記念式典が開かれた。藤平会長のユーモアあふれる祝賀スピーチは万来の拍手を浴び、いっそう絆が強まったことが思い出深い。

マザマスの会員たちは記念登山として、百年前の服装でフッド山に挑戦した。わたしたちも同行し、18時間かけて山頂に立った。下山後は用意してもらった特別スイートルームで熟睡し、豪華な食事を満喫し、交流の成功と合わせて幸福感に浸った。

以来、友好締結から20年の歳月をかけて、わたしはダグさんらのガイドで聖なる山16座の踏破に挑戦し続けることになる。連盟内にあった交流の熱気が少しずつ冷めてきても、わたしは山の仲間2、3人に声をかけて毎年渡米した。交わした約束を勝手に反故《ほご》にはできない。県山岳連盟の活動の一環ではあっても、費用は全額個人負担だった。

わたしは給料の中から、毎月2万円を積み立てていた。24、5万円あれば往復の飛行機代になった。渡米すれば、ダグさんらマザマス山岳会が全山ガイドだけでなく輸送、登山道具調達などあらゆる面でわたしたちを支援してくれた。ある年は頂上直下で仲間の目が見えなくなって下山したり、キャンプ中に木に吊るしておいた食料をクマに食べられて食糧不足に泣いたりした。山火事に遭遇して、急きょ遠征先を変えたこともあった。
登山中の汚物はすべてブルーバッグに詰めて持ち帰る。氷河の上では、便が分解されることなく永久保存されてしまうのだ。また登頂時の乾杯はもちろん、国立公園内での飲酒は御法度で、これには参った。山ヤギの群れがルート上に居座って食事をしていたため、半日行動を停止したこともあった。動物と遭遇した場合は、動物たちを優先する。あらゆる面で、環境保全の考え方が徹底していた。

毎年の挑戦にさまざまなアクシデントやハプニングがあった一方で、登頂成功率20パーセント未満と言われるレーニア山は、天候にも恵まれて1回で成功した。ワシントン州北部にあるレーニア山は標高４３９２メートル。カスケード山脈の最高峰で、１８００メートルから上は氷河に覆われている。難易度が高い山として知られ、天候の悪化などで多くの登山者が命を落とした歴史があるだけに、わたしの1回目での成功は奇跡だと、マザマスの会員たちから大げさな祝福を受けた。

いよいよ平成20（２００８）年には2座を残すだけになり、これを一気に登頂しようとした。ところが15座目のベーカー山は登頂したものの、最後のグレイシャーピーク山は氷河の崩壊が激しく、危険が伴うため断念せざるを得なかった。

翌平成21年8月、わたしは県山岳連盟の河村靖晴さん、開澤《ひらきざわ》浩義さんを伴って渡米した。このとき68歳。体力的な不安を覚え始める年齢であり、一方ではこのころ夢創塾の運営に忙しく、体の準備を整えることに苦労していた。

荷物を背負って地元の大地山へ特訓登山を繰り返し、空いた時間を見つけてトレーニングに励み、体重を2カ月で4キロ絞った。体力を維持して4キロ体重を落とせば、4キロ分の食料や荷物を余分に担いでも総重量は変わらない。

カナダ国境のワシントン州にあるグレイシャーピークは、見渡せばノコギリの歯のような連山が続く、標高3212メートルの山だ。ダグさんらの案内で標高2000メートルに第2キャンプを設営し、登山3日目の8月19日午前4時に山頂を目指して出発。氷河に運ばれた岩が堆積するモレーン帯を2時間かけて通過し、夜明けとともに氷河帯に入った。

氷河帯は氷と岩場の急斜面が続き、深いクレバスが幾つものぞく。登りながら、これまで踏破してきたカスケードの山々が見渡せた。苦しかった思い出が次々によみがえり、力をふり絞ることができた。ついに山頂に立ったのは午前11時55分。

県登山連盟旗を掲げて万歳をすると、友好締結時の約束を果たした安堵感とうれしさで涙が出てきた。16座踏破は日本人初、記録を取り始めてから110年間で457人目だった。

マザマス山岳会の日本百名山踏破も、ダグさんを中心に着々と進んだ。年に数回来日することもあり、わたしや河村靖晴さん、県庁山岳スキー部の仲間たちが案内。平成24（2012）年10月、ダグさんは越後駒ヶ岳の山頂に立ってついに100座登頂を達成した。

富山市で祝賀会が開かれ、県山岳連盟からダグさんに百名山登頂認定書と、日米交流20周年を記念した盾を贈呈した。ダグさんは妻の早苗さんが滋賀県出身という親日家だ。祝賀会には早苗さんも駆けつけて大いに盛り上がった。「カスケード16聖山、日本百名山をお互いに親善登山する」という約束はこうして果たされた。

交流登山を通して、わたしとダグさんは生涯にわたる友情を得た。これも山が与えてくれた財産である。

とやま国体とその遺産

山登りにルールを設け、競技スポーツにしたのが国体の山岳競技だ。

35歳だった昭和51（1976）年、わたしは県庁山岳スキー部から富山県選手団の一員として佐賀国体に出場した。当時は重いリュックを背負い、標高差の大きい登山道のトレイルランでタイムを競う、縦走競技のみが行われていた。出場選手中の最高齢だったが個人9位に入り、自分の体力が全国で通じることを知って自信を得た。

翌年の青森国体は県チーム3人の監督を務め、団体8位に入賞。さらに同53年の長野国体は、選手と一緒にコースの事前調査や試走を行い、猛特訓に励んだ結果、地元の長野に次ぐ2位になった。山岳競技における富山の強さを全国にアピールでき、選手や関係者たちと喜び合った。

山岳競技は昭和55（1980）年から、都道府県が点数を競う天皇杯得点を獲得できる正式種目に変わり、縦走、踏査、登攀の3種目になった。また予選会を兼ねた北信越国体の上位チームだけが、国体に出場できることになった。

最初の北信越大会は富山県の極楽坂スキー場周辺で開かれ、経験を買われたわたしは実行委員長に就いた。以後、5年ごとに北信越国体の会場が回ってくると、実行委員長を3回務めた。その15年間は北信越各県の役員と協議し、競技内容や審判について客観的に判断できる基準作りに努めたことを思い出す。

その後、わたしは県山岳連盟理事長、続いて副会長になり、平成2（1990）年から「二〇〇〇年とやま国体」の準備に取りかかった。競技会場が井口、利賀、上平、平村、城端町（現南砺市）に決まり、わたしは山岳競技の国体準備委員長を任されていた。米国マザマス山岳会と県山岳連盟の交流がこのころ始まり、国体準備期間は親善登山で友好を深めていった時期とも重なる。

組織作り、コース設定や整備など、わたしは大会直前まで準備に奔走した。朝日町蛭谷から会場までは80キロ余り。「国体を成功させなければ」という強い思いがあったからこそ、通い続けることができたと思う。

登山で垂直に近い岩場に挑むのが登攀、つまりクライミングだ。これにルールを設け、主に人工壁でタイムや技術を競うのがスポーツクライミングである。

1990年代から国際大会が開かれるようになり、東京2020五輪で初めてオリンピックの正式競技として採用されたのは記憶に新しい。とやま国体当時は縦走、踏査、登攀（スポーツクライミング）の3種目があり、地元の利を生かした富山は抜群の成績で総合優勝を飾った。

今、東海北陸自動車道を岐阜県に向けて走ると、南砺市の城端サービスエリアそばに桜ヶ池クライミングセンターがある。人工壁の真下に立って見上げれば、カラフルな突起を配した高さ15、6メートルの壁に三方を囲まれ、遥《はる》かな高さから壁が覆い被《かぶ》さってくるような迫力を感じる。近年のリニューアルで、壁のリードクライミングエリアを一新し、さらにボルダリングエリアを新設した。

ここで令和元（2019）年まで毎年、ジュニアオリンピックカップが開かれた。その後はリードユース日本選手権の会場になり、全国から毎回200人を超える若い選手たちが集まってくる。選手たちにとっては、世界へ出ていくための大切な大会であり、「クライミングの甲子園」とも言われている。

この桜ヶ池クライミングセンターは、二〇〇〇年とやま国体の登攀会場として建設された。県は当初、競技会場をリースの仮設にするか、恒久施設で整備するかの2案を検討した。仮設といえどリース費は高額で、国体が終われば何も残らない。一方で恒久施設を建設する場合、地元の城端町にも費用負担を求め、さらに国体後の維持について考えなければならない。どちらがいいのか。わたしは国体準備委員長として、当時の岩田忠正町長に恒久施設を建設する意味について、粘り強く説明した。「これからクライミング競技は世界の潮流になります」「東海北陸自動車道の開通で全国からクライマーが集いやすい。何より国体の遺産が町のシンボルとして残る」「管理には地元山岳会もあり、国体後は全国大会を開催します」…。

岩田町長の決断もあり、国体のクライミング会場は室内トレーニング場を備えた本格的施設と決まった。こうして桜ヶ池クライミングセンターが建設された。市町村合併を経て施設運営は民間に移り、現在は会員数2500人、年間約8000人が訪れ、その3分の1を県外利用者が占めている。わたしは多くの有望選手たちが、これからも「クライミングの甲子園」を経験して世界へと羽ばたくことを楽しみにしている。

とやま国体の山岳競技が地元に残したもう一つの遺産は、「道宗道《どうしゅうみち》」の復活だった。道宗道は室町時代の僧、道宗が歩いた信仰の道だ。

世界遺産になっている五箇山の旧上平村に古刹・行徳寺がある。その祖が赤尾道宗で、山深い地に浄土真宗を広めた。道宗は月に一度、蓮如《れんにょ》上人の教えを受けるために井波別院・瑞泉寺《ずいせんじ》まで通い続けた。朝は暗いうちに行徳寺を出て、登り下りの激しい山々の稜線を歩き、その日のうちに瑞泉寺に辿り着いたという。険しい道はいつしか道宗道と呼ばれるようになり、山岳古道としてその名が現代に伝わった。

国体の競技会場として、今はほとんど人が通ることもなかった道宗道にスポットを当て、踏査と縦走のコースを開設、整備したのだ。国体後、南砺市で第1回世界遺産五箇山・道宗道トレイルラン大会が開かれたのは平成26（2014）年だった。以来、毎年開催されて注目度が上がり、5、600人がエントリーする大会に育った。

ルート図によると行徳寺から瑞泉寺までのロングコースは37キロ、総高低差は2620メートルあり、ショートコースやミドルコースのほか、最も厳しいエキスパートコースも設定。近年は新型コロナの影響で休止になっているが、再開されればまた、全国からランナーたちが集まって過酷な歴史の道に挑むだろう。

桜ヶ池クライミングセンターと道宗道。わたしは山岳関係者や地元の多くの人たちと共に、とやま国体が残した二つのレガシーにかかわることができた。

子どもたちと作った合掌小屋

第2章 夢創塾誕生

これでよかったのか

50歳を過ぎて人生の後半に入ったころから、わたしの中で複雑な思いが広がり始めていた。県職員として、圃場《ほじょう》整備などを通じて農業の近代化に尽くし、天職を得たと思っていた。高度経済成長期以降、社会が激変する中で農業の合理化・近代化は避けて通れない道であり、わたしは業務に強い使命感を抱いてきた。

ところが一方で、都市部に人口が集中し、里山では過疎が進んで集落が消えていった。田舎が衰退するとは、里山の風景の中に人の姿がなくなるだけではない。炭焼きや和紙作りを始めとして、それぞれの地に受け継がれてきた技と暮らしの文化が消滅していくのだ。

かつて富山県では、主に大小の河川に沿って上流域の山あいに多くの集落が散在していた。時代とともに、集落は次々と消えていった。県過疎化対策協議会が発行した20年前の資料には、すでに「廃絶集落」として73の集落名が記されている。昔はこうした集落も、活気にあふれていたに違いない。わたしが暮らす蛭谷《びるだん》でも、戦後急速に若者や子どもが減り、高齢者だけが暮らしていた。

農業の近代化と合理化に邁進《まいしん》することで、農村振興を目指してきたが、結果的に自分も田舎を壊す側にいたのではないのか、これでよかったのか、という思いが生まれたのだ。半生を振り返って疑問を抱くと、わたしは立ち止まりたくなった。そして蛭谷に根を下ろし、山を愛する素朴で心豊かな里山暮らしを夢見るようになった。

「老後は日々自然に囲まれて、現代の仙人になりたい。ゆったりと、山登りも楽しみたい」

とりとめもなく、そんな思いが去来した。「現代の仙人」というイメージは、唐突に出てきたわけではない。当時のわたしは、県山岳連盟副会長や国体山岳競技の実行委員長として、毎年のように全国へ視察に出かけていた。京都国体で桂川《かつらがわ》上流にある美山町を訪れたとき、集落の家並みから外れた所に小屋を建て、自活している老人に出会った。

「京都の街中の大都会を離れてここにきた。今は幸せだ」

そう話す老人は、まるで仙人のような風貌だった。わたしは、自分もこんな生活をしたいと思い、その印象が心に残り続けていたのだ。

また、わたしと同い年で県山岳連盟の仲間に辻斉《ひとし》さんがいた。辻さんは高校教師で、県高校体育連盟の登山専門部委員長をしていたことから、全国視察でよく一緒になる親しい関係だった。

ある時、辻さんはこう宣言したのだ。

「長崎君、50歳を過ぎたし、おれはヒマラヤに山小屋を作ってガイドをやる」

わたしはあっけに取られた。彼はその後、見事に夢を実現した。

53歳で高校教師を退職。苦労しながらも退職金を注《つ》ぎ込んでネパールの首都・カトマンズに山小屋どころかホテルを建て、トレッキングガイドを始めたのだ。かたや日本から衣類や文具を募り、現地の貧しい子どもたちを支援した。

同い年の行動力に刺激を受けて、わたしも動き始めた。

夢への第一歩

平成5（1993）年末、職場の仕事納めが終わった。わたしは翌日から柿ノ木谷の裏山に入り、チェーンソーで木を切り始めた。祖父が80年前に植林したスギ山である。さらに奥には、父が植林したスギも広がっていた。

小屋を建てようと思ったのだ。たった一人で木を切るところから始め、夢の拠点になる小屋を作る。小屋を作って「自然人」になる。自然を体に溶け込ませ、自然と一緒に呼吸する。原点に返って、水、火、遊びを見つめ直す。そして山仲間と語り合える場にしたい。頭の中を思いが駆け巡っていた。

建てるのは山あいの広場、もともと7枚の棚田だった場所である。子どものころ、細い山道を歩いて水番に通った棚田は、上流に小川ダムが建設されたときに出た土砂を受け入れてならされ、昔の面影はなくなっていた。電気もガスも水道もきていないが、谷川が流れ、今も変わることなく朝日岳がよく見える。

わたしは正月返上で山に入り続け、70本くらい伐採しただろうか。小屋はログハウスを想定していたので、見上げてまっすぐに見える木だけを選んだ。伐採したスギは冬の間、倒れたままにしておき、3月の雪解け前に山の斜面を滑らせて一気に山から出した。この作業は県庁山岳スキー部の仲間たちが手伝ってくれた。以降も、わたしの小屋作りに共感した何人もの山仲間が、蛭谷まできてさまざまに助力してくれることになる。

戦争から帰ってきた父は、山に1万本のスギを植えた。わたしに財産を残すためだ。1万本植えても、間伐して最後は3分の1になるのだと教えられた。そのころ、スギ1本は「1年で100円分育つ」と言われた。100年育てると1本10000円。間伐で3300本に減っても3300万円だ。林業には夢があった。当時は木材需要が逼迫《ひっぱく》し、国を挙げてスギの植林が奨励された時代だった。

植林されたスギ山は、管理が欠かせない。広い場所に1本だけ植えられたスギは、すくすく伸びても、幹の下が太くて上は先細りするため、用材として使えない。幹をまっすぐ、均等な太さで伸ばすには、一定の密度の中で育てる必要がある。密植状態を保つのだが、年数を経てスギが大きくなるにつれて過密になるため、育ちの悪い木を間引いて本数を減らしていく。これが間伐だ。加えて節を残さないための枝打ち、下草刈りのような地道な作業がある。

父と母は連れ立ってよく山仕事に出かけた。晩御飯だから呼んでくるよう祖母に言われ、子どものわたしは暗い山道を上った。何か出てこないかと、びくびくしながら両親の姿を探したのは懐かしい思い出だ。

昭和30年代半ばまで、木材価格は上がり続けた。里山の人たちがスギに託した夢は、順調に育っていくかに見えた。ところが木材の輸入自由化が始まり、価格の安い輸入材が流通し始める。東南アジアやロシア産に押されて、国産の木材価格は低迷。山にかける手間ひまとコストに見合わなくなると、日本中でスギ山は見捨てられた。林業は利益を生む産業として成り立たなくなった。

密植されたスギ山は、放置されると樹間から日が射《さ》すことのない、暗くて荒れた山になる。わたしは小屋作りのためにスギを切ったのだが、間伐して少しでもスギ山を守りたいという思いもあった。わたしがこれから夢を託す小屋は、祖父や父が夢を託して植林したスギを切って建てるのだった。


朝日町にある指物屋さんの外に、使わなくなった製材機が放り出してあった。見つけたのは、たまたま通りかかったからだ。わたしはその場で主人と交渉した。

「外の製材機、もう使わないなら譲ってもらえませんか」

「ああ、お金はいらんちゃ。持っていってもろたら、むしろ助かるわ」

ただでもらい、さっそく広場に持ち込んだが、電気がない。発電機を買いに走った。これが小屋を建てるための道具として、一番大きな出費だった。製材機は古いが、動いた。雨よけの小屋を作って発電機と製材機を据え、まず山から切り出した間伐材の皮を剝いで準備を進めた。ところが、わたしは早くも計画変更を余儀なくされていた。まっすぐ伸びたスギだけを切り出したつもりだったが、広場に運んで積んでみると微妙に曲がったものが多い。これでログハウスを組むのは、どう考えても無理だった。

普通の木造小屋に計画変更し、もらってきた製材機が広場で唸《うな》りをあげて働き始めた。大きな柱は一部、本職の製材屋さんに持ち込んだ。

小屋のポンチ絵を書いて寸法を書き込んだが、詳細な設計図などない。2間（3・6メートル）×3間（5・4メートル）の一部屋で、真ん中に囲炉裏《いろり》を切り、朝日岳が臨める方角に大きな窓を設ける。窓枠は、額縁だった。絵は、四季折々の表情を見せる本物の朝日岳。イメージだけは頭の中にしっかりできていた。

小屋といえど建てるからには土台がいる。コンクリートを打ち、その上に石組みを積んで基礎を作ることにした。わたしは休日や仕事の合間に、せっせと河原から軽トラで大きな御影石を広場まで運び上げた。

石は一つひとつハンマーで割り、できるだけ四角にした。最初はうまく割れなかったが、コツをつかむと、どの方向からハンマーを当てればいいかが、次第に見えるようになってきた。ただ、割ると破片が飛び散るのには参った。ときに顔面を直撃してきて、これぱかりはどうしようもなく、破片でメガネを三つだめにした。手は豆だらけである。

夕方になると、カラスがカアカア鳴いて寝ぐらに帰っていく。それが「ばかあー、ばかあー」と聞こえて、思わず笑ってしまう。空のカラスから見れば、日がな一日石を割り続ける男はアホかバカに見えるに違いなかった。

製材作業の傍ら、わたしは3カ月かけて約800個の大石を割り、600個ほどを組んで基礎を仕上げた。室内の中央に設ける囲炉裏も、コンクリートを打った上にぐるりと割石を組んで台座を作った。

伐採と製材、石割り、基礎作りと、楽しかったし楽しめたからこそできた。里山で育ったわたしには、いつの間にかものづくりの素地ができていた。生きていくためには、なんでも自分の手でやるのが里山の暮らしだ。石組みにしても、昔、父が土砂の流出を防ぐために大小の石を組み、法面《のりめん》を固めた仕事を見て知っていた。仕事柄、農業土木の知識もあった。

平成6（1994）年、わたしは県の30年勤務表彰を受けた。基礎が完成しつつあったその年の6月6日を小屋作り着工の日と決め、町役場に建築確認申請を提出。工期は11月11日までとし、設計、施工者はわたしだ。当時は県から黒部市役所に出向していて、通勤時間が大幅に短くなり、時間を取れたことにも助けられた。

そんなふうに熱中するわたしの姿は、いつしか集落の噂になっていたらしい。

蛭谷には「バタバタ茶」という、名物のお茶がある。茶葉を蒸して木枠の室に仕込み発酵させ、最後はムシロに広げて天日干しにして作る。客人を招く家は茶釜に茶を沸かす。集まった人たちは小ぶりの茶碗を持参し、柄杓《ひしゃく》で茶を汲《く》み、2本の茶せんで泡立てる。

特にかしこまった作法はなく、要は親しい間柄の近所付き合いである。茶せんと茶碗がぶつかる音からバタバタ茶の名前がついた。「茶飲みにございい（きてください）」という誘いは、「こんにちは」の代わりに使う普段のあいさつ言葉だ。「仕事前に飲めば力が出る」とも「飲めば食が進む」とも言われた。

わたしの石割りが、おばあちゃんたちの茶飲み話の格好の話題になったのだ。

「長崎のあんさま、おかしないか」

「鉛筆しか持ったことないがに」

…という具合である。

それを聞きつけてうろたえたのは、母や妻だった。噂《うわさ》になっているからおかしなことはやめてくれと頼まれ、わたしは苦笑いするしかなかった。

通勤途中に新築中の家があった。わたしは車を止めると、しげしげと見入った。わたしに木造建築の専門知識はない。柱、梁《はり》、筋交《すじかい》はどう入れるのか。建築現場は小屋作りのお手本だった。家を出る時間を早めて、毎日現場を観察する。帰宅時には、朝見たところがどう変わったかを見て学んだ。

大工さんがいれば、分からないことはその場で質問した。大工さんの方も、何度もしげしげと見にきて、聞けば自分で小屋を建てたいという男に興味を持ったのだろう。材木への墨付けに始まり、ほぞ組みとは何か、ほぞ彫りはどうやるか、穴あけのやり方など、にわか生徒に丁寧に教えてくれた。お礼を言うと喜んでくれ、次にまた教えてもらえる。

木材を正確に加工するために線を引く墨付けは、建築物全体を把握した上での熟練の技が必要だが、わたしは本職になるつもりはないのだから、最低限のノウハウさえ学べればいい。木を切るのは、墨を打って引いた線の内側。ところが素人はつい線の上を切ってしまう。そうすると、ぴったり嵌《は》まるべきところが嵌まらなかったり、逆に隙間が生じて甘くなってしまう。

小屋の建築が始まると、休日を利用して山仲間の河村靖晴さんや県庁山岳スキー部の仲間たちが手伝いに来てくれた。墨線通りに材木をプレカットし、組み上げていく。なにしろ素人集団だから、ほぞがぴったり嵌まらないといったドタバタも起きる。さてどうするか。頭を抱えたり、首をひねったりすることさえ、小屋を建てる楽しみの一つだった。

使い込むと道具類がだめになってくる。二つのカンナが切れなくなった。工具屋さんに出かけて刃を買い、取り替え方を教えてもらう。帰って2時間ほどカチカチ、コツコツやって、歯の出し方の要領が分かった。替え刃の出費1600円。切れなくなった刃は、研ぎ出し方法を大工さんに聞いて再利用した。

出入り口のドアや朝日岳に向かって開けた大きな窓は、不用品や廃材をもらってきて流用した。大窓はもともと木製のドア枠とドアだったものを、横にして壁に嵌め込み、ドアにガラスを仕込んで開閉窓に仕上げた。小窓に至っては、トーヨーサッシの窓枠にYKKの窓といった具合である。

屋根は当初、トタン葺《ぶ》きにするつもりだった。そこへ「黒部市の生地《いくじ》で家を壊す。まだ新しい瓦があるぞ」と、情報をもたらしてくれた人がいた。さっそく車で出かけ、解体現場から1000枚ほど頂いてきた。それだけあれば十分だろうと思っていた。

わたしは、瓦に左右があることを知らなかった。

屋根の一番上の線を境に、下へ傾斜する左右の面に葺く瓦は、左瓦と右瓦があって形状が違うのだ。さらに、てっぺんの線に葺く冠瓦、冠瓦の両端の鬼瓦、面の縁に使う袖瓦など、何気なく見ていた屋根にも日本建築の歴史と技が詰まっていた。

数だけ集めた1000枚では事足りないと知ったわたしは、再び車を走らせ、追加で必要な瓦を頂いてきた。ようやく屋根に上り、見よう見まねと「勘」で、瓦を葺き始めた。最初に思い描いていたトタン屋根を思えば、やはり瓦葺きはどっしりとして、趣がある屋根になりそうだった。

すっかり満足していたわたしは、建築現場へ遊びにきた瓦屋さんに言われた。

「こんな屋根だと、冬の雪で瓦がみんな落ちてしまう。春になったら何も残ってないぞ」

専門家から見ると、瓦どめが全く素人仕事だったのだ。蛭谷は冬の雪が深い。わたしは潔くあきらめ、瓦葺きに関しては職人さんに助けてもらうことにした。

なにを始めたのかと噂になったわたしの酔狂は、建物が形になってくるにつれ、住民たちが見学に訪れるようになった。見に来た人に外壁のペンキ塗りを頼み、小屋づくりに参加してもらったこともある。何度も手伝いに通う山仲間たちは、仕事の合間に奥の雑木林に入ってシイタケの原木作りを楽しみ始めた。母や妻がやってくると、建築途中の記念写真に収まった。

皇寿桜

小屋作りが進むころ、広場につながる砂利の林道沿いには、111本のサクラの苗木が風に揺れていた。88歳は米寿、99歳は白寿、さらに111歳を皇寿という。皇寿まで長生きできますようにと、前年に母と植えたサクラだった。

春になると、その葉っぱに毛虫が付いた。見つけるとつまみ取るのだが、111本である。探すときりがないほどで、1日に100匹以上駆除したこともあった。

夏になると、毎日の水やりが欠かせなかった。苗木はまだ根が浅く、すぐに萎《しお》れる。出勤前の早朝は水やりが日課になったが、これがとんでもない重労働だった。林道に水道栓や散水ホースがあるはずもなく、柿ノ木谷の谷川から導水した水を、20リットルのタンク4個に汲んでは運び、苗木にかけて回った。すぐに汗まみれになり、頭がぼんやりしてくる。

ただでさえ、小屋作りに懸命になっている毎日だった。これ以上「なぜ自分で自分を苦しめるのか」と自問し始める始末だったが、サクラは生きていた。「水を求めて、わたしを待っている」と思うと、やめることができなかった。

「皇寿桜」と名付けた111本はやがて成長し、母が亡き後も見事な花を咲かせて林道の春を彩ってくれるようになる。

夢を創る仲間たち

本着工から5カ月余りが過ぎた平成6(1994)年11月11日は、建築確認申請で完工予定にした日であり、わたしたち夫婦の結婚記念日でもあった。実際には、小屋はまだ外壁も屋根も仕上がっていなかったが、区切りとして完成記念日とした。代わりに、この日決めたのは小屋の名前である。

以前から仲間たちにも相談し、いろいろな案を考えていた。「夢談山荘」「夢創亭」…。53歳にして、ロマンを実現した小屋の名前である。思い入れが強いだけに迷ったが、最後にすんなりと最終案が出てきた。

「夢創塾」

夢を創り続ける─との思いを込めた小屋の名前であるだけでなく、集い、楽しみ、学ぶ人びとを指しての「塾」だった。熱心に建築を手伝ってくれた山仲間たちは塾生、わたしたちの思いに賛同して集う人は塾員というわけだ。

作業はこの後も続き、外壁に防腐剤を塗り、屋根が仕上がり、室内の囲炉裏も完成した。囲炉裏の上には鍋を掛ける自在鉤《かぎ》を自作し、ランプは藤蔓《ふじつる》で吊《つ》るした。入り口に踏み台の御影石。ドア横の外壁に「夢創塾」と墨書した木の看板を取り付けた。年も押し詰まった12月30日、塾生ら10人余りが一升瓶を携えて集まり落成を祝った。

小屋の正面で、磨いた敷石の上に木の枠を置いて臼にし、手作りの杵《きね》で餅をついた。全員で、これも手作りの弓で空に矢を放つ。矢に夢を託した「弓矢の式」だ。北陸の冬には珍しい天気に恵まれ、朝日岳がくっきりと望めた。小屋開きをすると、御神酒の肴《さかな》に囲炉裏を囲んでイワシやスルメを焼く。メインは、妻が前日から仕込んで準備した蛭谷のクマ鍋だった。わたしたちは小屋作りの苦労や山の話、自然との共生、21世紀への期待を語り合って酒を飲んだ。それは一つの夢の幸せな帰結であり、もっと大きな未来の始まりでもあった。

わたしは「作業綴《つづり》」と題した大学ノートに、日々の記録を書き留めている。古いノートを開くと、大きくページを取って、このころ目指した未来が絵入りで記してあった。「夢創塾は情報の収蔵庫」と大書きし、次のような将来を思い描いていた。

〈夢創塾を、酒飲みも含め蛭谷の住民から外国人までの人の出会いの場にする〉〈今後の目標は露天風呂づくり、トイレづくり、大地山《おおちやま》登山道づくり、炭窯づくり、岩魚《イワナ》養殖場づくりなど〉〈施設を作るにあたって材料は地元、リサイクル、お金をかけない、工夫をする〉。そして最後は〈現代風仙人になる〉だ。

後にマザマス登山会の岳友、ダグさんら何人もの外国人がやってきて夢創塾で酒を酌み交わし、ノートに書いた未来は全部現実になった。だが一番大切な未来は、このときまだ見えていなかった。そして、わたしは仙人になれたのか。少なくともそのころ思い描いた、悠々自適の仙人像は、やがて消え去ることになる。


年が開けると、わたしの「道楽」を聞きつけた友人や知人が、あちこちから毎週のように集まってきた。新しい塾員は、名前を木札に墨書して壁に吊るした。たちまち木札がずらりと並び始め、なにかの道場のような風情になった。囲炉裏を囲んで酒を飲み、水は谷川から汲み、肴は相変わらず山菜やキノコ、イワナにクマ肉。和紙や炭焼きの復活、山菜とキノコ栽培による儲《もう》け話まで出て話題は尽きない。

寒い冬に、活躍したのが囲炉裏だった。鍋を吊るし、つついて酒を飲む。囲炉裏では薪《まき》も燃やしてみたが、煙やすすが不都合でやはり炭だ。「炭火を見ると心が癒やされる」と、飲みながらしみじみ語る人もいた。


ほどなく想定外の事態が持ち上がった。自宅の納屋には、亡き父が焼いた炭が20俵ほど積んであった。「これだけあれば、二冬か三冬は大丈夫だろう」と、高をくくっていたら、連日のにぎわいで、ひと冬で尽きそうなペースで消えていったのだ。自然と一体になりたいと蛭谷に小屋を手作りしたわたしが、どこかで炭を買おうと思うはずがなかった。

　必要になれば、自分で炭を焼けばいい。

炭焼きと蛭谷

　大地山の山頂に向かう途中、スギ林を抜けてさらに登った標高600から700メートル付近は、広葉樹の原生林が広がる通称・イガスラ平だ。戦前はここにわが家のアズキ畑があり、戦後のわたしが中学生のころには炭窯と作業小屋があって、父が炭を焼いていた。

　炭を焼く窯は基本的に、原木になる広葉樹林が近くにあり、容易に水を得ることができる山中に造られた。重い原木を山から運び下ろして焼くより、山の上で仕上げ、軽くなった炭を下ろす方が効率的である。また豊富な水は、炭を焼くための必需品だ。

　白炭を作るには、まだ高熱の炭を窯出しして「ごうばい」と呼ぶ消火剤をかける。「ごうばい」は水に土と灰を混ぜたもので、この消火は炭の出来具合を左右する大切な最終工程であり、水を大量に準備しておく必要があった。炭窯は1度焼くごとに焚《た》き口を粘土で塞《ふさ》いだり、開けたりする。このときも粘土をこねる水がなければならず、そもそも火を扱う仕事なので、何かあったときの消火用に水は豊富なほどよい。泊まり込む間の飲み水も必要だった。

イガスラ平は水の確保に苦労する場所だったが、父は谷筋から細い水路を引いて水溜めを作っていた。わたしは焼き上がった炭を詰めるための俵や縄を担いで炭窯まで登り、父に届けた。これを「上げ荷」といい、母が食料を担ぎ上げることもあった。米、味噌《みそ》、塩、油揚げ、魚の干物などだ。炭を焼き始めると、何日も山から下りることができない。黙々と仕事をする山中での食事は、数少ない楽しみの一つであっただろう。

炭焼き職人としての父は、仲間たちと新潟県や魚津市の山で働いた時期があった。炭窯に近い流れから導水して大きな水溜めを作り、イワナを放していたという。そこでは炭を焼きながら、イキのいいイワナをいつでも塩焼きにして食べることができた。

水が必要な一方で、炭焼きの大敵は雨である。雨降りが続くと仕事にならない。そこで、晴れを祈願して作った郷土料理が「みそかんぱ」だ。細長い木の板に、炊き上げた飯をはり付け、味噌かクルミ味噌を塗って炭火で焼く。腹いっぱい食って鋭気を養うだけでなく、携帯保存食として山仕事の男たちが好んだ。

神様に祈願する食べ物なので、芯になる木は大きな御幣の形に削ってお祓《はら》いを受け、一升か一升五合の飯をはり付けるのが本来の姿だ。芯は朴木《ホオノキ》が柔らかくて加工しやすく、炙《あぶ》ることで香りが飯に移った。みそかんぱは、素朴で粋な香り飯である。飯を木片にはり付ける飛騨地方の五平餅や、秋田のきりたんぽとも似ていて、山仕事の男たちに共通する食文化の広がりが背景にあったのかもしれない。

イガスラ平で父が焼いた炭は、1俵に15キロを詰めた。これを背負って下りるのも、わたしの手伝い仕事だった。かつて蛭谷の山には、あちこちで炭焼きの煙が上がっていた。昭和30年代半ばから、石油やガスが家庭に普及して炭は買い手がつかなくなり、里山に煙が立ち昇る景色は消えていった。当時わたしが上り下りした炭焼きの道は、スギの植林で廃道になり、杉林の向こう側の道も藪《やぶ》に埋もれた。

歳月を経て、今度はわたしが炭を焼く決意をしたが、思い立ってすぐに実行できるほど簡単ではなかった。父の手伝いで、ある程度の手順は頭に入っていても、要は見ていただけの素人である。

小屋の夢創塾が完成した翌平成7（1995）年は、炭窯を造るための勉強と情報収集だけで過ぎていった。わたしはこの年の春から、夢創塾がある柿ノ木谷を出発点に、大地山山頂への登山道開設に着手して、そちらに時間と労力を費やした。また、アメリカのマザマス山岳会との友好締結3年目で、相互招待の交流登山が始まっていた。

そんな中、3カ月かけて、広場に新しく露天風呂ができた。わたしは自然の中で裸になって、疲れを癒やす露天風呂を作りたいと念願していた。たまたま入善町の海岸沿いで、魚を茹《ゆ》でる廃棄寸前の大釜を見つけた。ドラム缶3本分の水が入る大きさだ。交渉して酒の一升瓶2本と交換してもらい、広場に運び込んだ。

谷川沿いの法面を削り、小屋の基礎積みで余った石を利用して釜の受け台と焚き口を積み上げた。平らな石を敷き詰めた洗い場も設けた。谷川から導水して水をはり、薪を燃やして露天風呂の出来上がりだった。

問題は大釜なので排水口がないことだったが、これはホースを使ったサイホンの原理で解決。夢創塾のポリシー「材料は地元」「リサイクルする」「お金をかけない」「工夫をする」の実践である。

漬かった露天風呂の水面に月が映りこむ。月を手で揺らし、飲む酒はおいしかった。

こうした合間を縫って1年間、わたしは炭焼きについて本を読み漁《あさ》り、炭窯の化学的な概念を頭に入れ、集落の炭焼き経験が豊富なお年寄りに教えを乞うた。そもそも、森の木はどうしたら炭になるのか。一部すでに書いたことと重複するが、改めてまとめておく。

原木を切りそろえて炭窯の中に並べ、ただ焚き口に点火すれば、燃え移って全部灰になってしまう。「燃える」とは、空気中の酸素が木材などの可燃物と結びつく激しい化学反応だ。これに対して、酸素がない状態にして高熱に晒《さら》すと、木は燃えないで炭化する。

実際には炭窯の中に原木の窯木を詰め、炎が直接当たらないよう、焚き口と窯木の間に「背木」と呼ぶ仕切りを置く。搬入口は、下部に焚き口だけを残して土で塞ぎ、焚き口で火を燃やし続ける。窯の内部は数百度の高温になるが、密閉に近いため酸素が薄く、木は燃えて酸化することができずに炭化が始まる。

焚き口で8時間ほど燃やし続けた後は、小さな空気穴だけにして焚き口も塞いでしまう。火を消しても窯木は自ら高熱を発して炭化を続けるため、内部は高温のままだ。炭化は3日ほどかけて、上から下へとゆっくり進む。炭化の終わりを見計らい、空気穴と反対側の開口部である煙突も塞いで窯を密閉してしまう。

この間、炭焼き職人は中の状態を見極めて火力調整し、焚き口を塞いでからは煙突から出る煙の色と臭いで、炭化の進み具合を判断した。炭化を完全にするために、空気穴の大きさと煙突の開き具合をどう加減するかは、経験で得られた職人技である。

窯木の炭化に伴って出た水蒸気やガスは煙になって立ち昇り、これが煙突内で冷えてしたたり落ちたものが木酢液だ。防虫や土壌改良に効果があり、自然農法で重宝される。

窯を完全に密閉して、さらに数日かけて常温に戻すと、茶席などで広く使われる黒炭ができる。上質な黒炭は高級品である。これに対して、高温の炭をすぐに掻《か》き出して「ごうばい」で消火、急冷すれば、備長炭《びんちょうたん》に代表される白炭になる。白炭は硬く、火持ちがいいとされる。

かつて蛭谷の男たちはこうして、春から秋の終わりまで山に入ってひたすら炭を焼き、生活を支えた。

花炭窯

小屋が完成した翌々年の正月、集落の新年会の席だった。炭焼きの話になって、わたしは計画を語った。いよいよ春から、炭窯造りに取りかかるつもりだった。お年寄りたちから問われた。

「作りたいのは黒炭か、白炭か?」

黒炭と白炭では、炭窯の様式が違う。

「土が大事や。焼いて崩れる土はあかん」

炭窯は石や粘土でできている。特に天井のアーチ部分は赤土で固めるため、土の耐熱性と堅牢《けんろう》性が求められる。事前に土を焼いてみて、使えるかどうか試すよう指示された。

果たして柿ノ木谷に、そんないい土はあるだろうかと不安になった。概算してみると、かなりの量の土を掘り出さなければならなかった。

当初、わたしは白炭窯にするつもりだったが、いろいろ学ぶうちに黒炭を作ることにして、窯の概念図や設計図を何枚か書いた。ところが、炭窯の構想はさらに変化した。わたしは普通の炭を焼くことに加えて、もう一つの挑戦を考え始めたのだ。

「お花炭」である。

お花炭は、草花をその姿のまま炭にして鑑賞する工芸品だ。伝わるところでは、初代仙台藩主・伊達政宗《だてまさむね》が領民を奈良へ炭焼き修行に出し、「椿《ツバキ》飾り炭」「竹の根飾り炭」など9種類の炭作りを会得させ、自ら茶席に飾って愛用した。長い歴史を持つ炭の文化の粋だが、明治以降は仙台で製法が途絶えてしまったという。

これとは別に以前、枝葉や松ぼっくりが姿そのまま炭になっているのを見て驚いたことがあった。それも、お花炭の一形態だろう。炭にそんな世界があり、今は作る人がほとんどいないなら「復活させたい」という思いが、わたしに閃《ひらめ》いたのだ。

炭焼きの経験もない素人が、お花炭を目指すのはいかにも無謀な挑戦だった。しかし原木が元の形を残して炭になるように、草花を窯に入れても、原理的にはその姿のまま炭になるはずだ。これも、炭に託したわたしの夢創りだった。

お花炭を作るためには、焚き口からできるだけ離れた空間が必要だろうと考えた。焚き口に近い窯木は、燃えてしまう確率が高く、窯の奥ほど良質の炭になりやすい。木でさえそうなら、柔らかい草花を置く位置は、焚き口の炎から遠いほどいいはずだった。

わたしはこれから造る炭窯を「花炭窯」と名付けた。普通の炭窯は奥行きのある楕円形だが、花炭窯はさらに奥行きを取り、天井は低くすることにした。考えに考えた自己流である。

小屋から少し離れた広場の一角に、窯底を成形し、側壁を積み上げた。作業を始めればすぐに泥だらけである。加えて夏は汗にもまみれたが、助かったのは露天風呂があったことだ。仕事が終われば、その場で泥と汗を洗い流してリフレッシュ。天気が崩れそうになると、早めに雨よけシートで窯全体を覆った。

9月に入るといよいよ天井だった。支柱を立て、製材所で出た端材を使って天井のアーチ型を組み上げた。その上から、こねた粘土を叩きつけて覆っていく。叩き続けて固める、ひたすら単調で孤独な作業だったが、横浜からやってきた友人二人が粘土運びを手伝ってくれて1日で作業を終えた。

わたしにはなにもかもが初体験で、見聞きした知識を基本にしながら、勘に頼った炭窯造りだった。併せて炭窯の上に屋根を作り、側壁にトタンを張って雨が当たらないよう小屋掛けした。朝夕は、わずかな時間があれば手で窯の天井を叩き続けた。叩くことで水気を抜き、土を締めることができる。

10月末、焚き口手前で薪を燃やし、炭窯の本格的な乾燥を試みた。少しずつ火を焚き口に近づけ、数時間をかけて一部が炭窯の内部に入るようにして強火を保つ。やがて天井を支えていた支柱、アーチを作っていた端材の板が発火し、青い炎が炭窯の中を走り回り始めた。内部の酸素が薄いせいだろうか、木材は一気に赤く燃え上がることができず、青い炎が上下左右に動き、奥へ、また手前へと踊っている。炭窯の外観は全体から水蒸気が立ち上り、表面が産毛に覆われたようになった。細く小さな割れ目があちこちに走り始めた。

窯の中は青い炎の芸術である。わたしは見惚《ほ》れながら、不安に慄《おのの》いていた。支柱が燃え尽きてしまうと、天井が落ちないだろうか。叩き続けて固めた粘土の天井はもつのか。その間にも、一番手前の支柱が燃え落ち、2列目の支柱が燃えた。

11月に簡素な神事で、花炭窯の完成を祝った。わたしは満足感でいっぱいになった。この窯を大切にして末永く使いたい、日本に一つしかないお花炭を創ると誓った。

12月下旬。集めた生木を切り揃《そろ》え、窯に建て込んだ。独学での黒炭作りである。作業中、ひょっこりタヌキが現れたので写真を撮った。幸運の印のように思えたのだ。焚き口に火を入れた。

数日後、何とか炭らしくなったのは10キロ余り。それも人前に出せるような代物ではなかった。散々な船出だった。

やまびこの郷

蛭谷の里山に、半世紀ぶりに炭を焼く煙が立ち昇るようになった。わたしが試行錯誤を繰り返す煙だったが、思わぬ連鎖反応が生まれた。集落のお年寄りたちが刺激されたのだ。

今はぶらぶらしていても、かつては炭焼きで生計を立てていた専門家たちである。蛭谷で炭を焼いただけでなく、炭焼き職人として県外の山々へと稼ぎに出かけた。

わたしが2年がかりで完成させた花炭窯を見て、あるお年寄りがいたく憤慨した。

「こんなおかしな炭窯造ってしもてー」

「それなら、お手本を造ってよ」

「よーし、造ってみせたる」

お年寄りは仲間を集めると、わずか2週間ほどで、わたしの窯の隣に本格的な白炭窯を造り上げてしまったのだ。

ここで、蛭谷の炭焼きについて簡単に触れておかねばならない。蛭谷の男たちの多くは、持ち山や集落の共有林で焼くだけでなく、近隣県、さらに関東の山にまで出かけ、炭焼き職人として春から晩秋まで稼いだ。昭和30年代前半まで、雑木が茂る山は、炭という商品を生み出す財産だった。山の所有者などが事業主となり、炭焼き職人を募った。男たちは求めに応じて、各地の山へと出稼ぎに散ったのだ。

春のころ、自分が炭を焼く山に入ると場所を決めて手早く炭窯を築き、仮住まいの小屋を立てて水を引いた。雪が降るまでに、高品質の炭をどれだけ多く焼き上げるかが稼ぎに直結した。炭を山から下ろすために必要な資材や食料は、事業主が責任を持って窯場まで届けた。

翌年はまた別の山に入り、新しい炭窯を築き、炭を焼いた。

炭を焼いた山は1年で目ぼしい木が切られてしまうから、同じ場所で2年続けては焼けない。しかし広葉樹は、切られてもすぐに芽吹き、30年余りで再び若い木々が繁《しげ》る雑木の山に戻る。この再生のサイクルに合わせて毎年違う山で炭を焼き、三十数年かけて一巡するのが理想とされた。自然界の再生と、人の営みが調和していた。

わたしの花炭窯に憤慨したのは、若いころから炭焼きで人生を積み上げてきたお年寄りたちである。職人としての血が騒いだのだ。素人のわたしが造った炭窯は、本職の目から見ればお話にならなかったのだろう。

このとき、わたしはお年寄りたちの窯造りを手伝った。技術や段取り、無駄のない動きに驚きの連続だった。窯の内輪は粘土をこねて接着剤のようにして石を積んでいくが、常に凹凸のある面を内壁側にそろえて積んだ。内壁は石を積んだ表面に、粘土を上塗りして仕上げる。凹凸があることで粘土は剝がれにくくなって安定する。煙突には要所にくさびの石を効かせる、独特のやり方があった。

技というものは、目に見えるところだけに現れているとは限らない。完成すれば見えなくなってしまう、隠された部分にたくさん潜んでいる。わたしは経験が生み出した、多くの技を目の当たりにした。それはどんな本にも書かれていない、石と土の文化だ。

「お年寄りは宝物」であると改めて教えられ、これを次の世代へ伝えなければ、地域の文化は消えていくのだと思った。

お年寄りたちは、炭窯ができると熟練の技で炭を焼き始めた。わたしは広場を開放し、力を合わせてみんなのための休憩小屋を建てることになった。

地域のお年寄りたちがふるさと活性化を目指す「やまびこの郷」が、こうして生まれた。蛭谷の自治会館に希望者が集まり、設立総会を開いた。わたしは活動目的として3項目を提案した。

「山仕事、生活における伝統技術の発展と伝承」

「高齢者の生きがいの場を創る」

「山の雑木林の利活用と再生」

質疑応答ではお年寄りから続々と意見が出て、かんかんがくがくの議論になった。普段は語ることの少ないお年寄りたちだが、それぞれの思いがほとばしり出た。結論は「とにかくやってみよう」で落ち着いた。

コップ酒で乾杯。会長には炭焼きのベテランでもある松原一雄町内会長が就き、わたしは書記兼事務局として実質的に会を支えることになった。

やまびこの郷はそれから何年も、お年寄りたちが集う場になった。高齢化がさらに進んでとうとう家から出られなくなるまで、みんな手弁当で集まり、しわが刻まれた顔に少年のような笑顔を浮かべ、わいわい騒いで炭を焼いた。

原木は山から切り出すだけでなく、屋敷林を切って不要になった雑木なども焼いた。炭は地元の森林組合を通じ、5キロ800円程度で販売すると人気を得た。焼き鳥屋さんを筆頭に、国産の質のいい炭を求めるニーズに応えたのだ。

メンバーの中に、家にこもってばかりで少々認知症の気配があるお年寄りがいた。車でやまびこの郷に連れてきてもらうと、得意にするノコギリの目立てで大いに仲間を助けた。ノコギリは山仕事に必須の道具である。炭を焼くだけでなく、それぞれが自分の技を発揮した。

やがて、夢創塾に自然体験学習の小学生がやってくるようになると、山仕事や昔の生活を教える「先生」としても活躍してもらった。昔の道具類を揃え、技を伝える場として新しく建てたのが伝承小屋だった。これも間伐材を使った手作りの小屋である。

ある時、元気な山のお年寄りを取材しようと、地元の新聞社から若い記者が訪ねてきた。お年寄りたちは楽しそうに、質問に答えた。

「かあかは家でバタバタ茶。わしら男衆は、家を追い出されたがやちゃ」

玉虫色

自分の炭焼き修行に並行して、わたしはお花炭の挑戦を始めた。こればかりは、お年寄りの知恵に学ぶことはできなかった。まず松ぼっくり、クリ、カボチャなどの固形物で試した。

置くのは窯の奥、ぎっしり建て込んだ窯木の上の真ん中か、右か、左か。窯木の曲がりや高さ、太さの違いで生じた隙間にもセットしてみた。

固形物である程度のめどが立つと、次に花びらが厚くて葉が固いツバキをはじめ、炭化しても壊れにくそうな花を試した。しかし、どれもことごとく灰になって消えてしまった。草花のセットは、窯木の上にさまざまな置き台を敷いたり、トタンの箱に入れたり、ダンボールに入れたり、果ては窯の天井から宙に吊り下げてみた。

ツタ、ガヤ、シダの葉を焼いたときのことだ。ツタは灰になって消えていた。ガヤは残っていたが、葉はバラバラになって原形をとどめていない。シダだけが自然の姿のまま炭になっていた。思わず喜びの声を上げ、黒いダイヤモンドを見つけたような気がした。

ところがあまりにも脆《もろ》く、手にするとすぐに崩れてしまった。これではとうてい鑑賞炭として実用に堪えない。わたしは再び落胆した。こうした困難は、むしろわたしを奮い立たせた。失敗の原因を考え、情報を集めて何とか突破口を見つけようとした。

20回近く挑戦したころだ。ようやくアザミの花のおしべ、めしべまで焼き上げることができた。特に実をつけたナンテンの枝葉は、炭の黒い光沢を持ち、手に持っても崩れない仕上がりになった。自然のままの形が残るようになるまで3年、ある程度強度を持ったお花炭が焼けるまで5年かかった。

わたしは季節の草花や稲穂をお花炭にし、額に入れて夢創塾の小屋に飾った。見た人がびっくりして「これは炭なのか？」と、感嘆する姿も楽しかった。しかし、お花炭にはまだ足りないものがあった。

玉虫色。高温で練らし、見事に焼けた炭は黒いだけではない。光の具合で、表面が金属のような7色の光沢に輝く。わたしはお花炭に、玉虫色の輝きを与えたかった。そのときお花炭は本当の「炭の芸術」になる。しかし玉虫色を手に入れるには、その後さらに10年が必要だった。

普通のお花炭が焼けるようになったころ、名古屋市の三越栄本店で開かれる富山県物産・観光展に出品しないかという話が持ち込まれた。人びとの日常生活の場から消え、廃れゆく炭の文化をＰＲする絶好の機会だと、わたしは思った。

妻と二人で名古屋へ行き、一週間滞在して額装したお花炭を1点2、3万円で売った。最初はあまり見向いてもらえず、思いついたのが「金より高い炭」という売り文句だった。当時、金1グラムがいくらだったか忘れたが、花炭は30グラムほどしかなく、重さで価格を比較すれば金に匹敵した。

お客さんに「壊れやすくないか」と問われると、「炭だから壊れます」と正直に答えた。「もし壊れたら、一点物なので同じものは作れませんが、別の花炭を無償で送ります」と付け加えた。お花炭を熱心に見て「これは物産展で売る物じゃない。ギャラリーで、もっと高い値を付けて売りなさい」とアドバイスしてくれた人もいた。

お花炭はささやかな炭工芸だが、初めて見て驚く人、感激する人の顔を見るのがうれしかった。外国人に片言の英語で説明したら、親指を立てて「グッド」をもらったり、額装方法に関して助言してくれる人もあった。

お金を出して買ってもらう難しさを痛感したが、それでも50点出品して半分ほど売れた。わたしと妻は当初、安いホテルに泊まっていたが、途中から少々高級なホテルに移った。

大地山登山道

子どものころ、その山は「おおつ」と呼ばれていた。「おおつに登る」「おおつの上が雲で見えん」といった具合だった。大地山が正式な名前だと知ったのは、後になってことだ。

わたしにとって大地山は、ゆったりとした山容を誇り、様々《さまざま》な恵みを集落にもたらす親しみ深い山だった。稜線《りょうせん》をたどると東に初雪山、西側は黒菱《くろびし》山、焼山へと続く。周辺は山菜の宝庫でもある。谷を登りつめた山頂直下には、「寝床」と呼ばれるゼンマイの群生地が何カ所もあった。山稼ぎに詳しかった父からは「初雪山の稜線直下にも寝床がある」と聞かされた。

かつて父は春になるとあちこちの山に入り、仮小屋に寝泊まりしながらゼンマイを採った時期があった。そのころゼンマイは、蛭谷に限らず小川の谷筋にある集落の貴重な収入源になっていた。雪解けから山に入り、次第に奥山へ向かってお盆前には朝日岳付近まで到達する人もいた。

ゼンマイ採りは数人でグループを作り、ナタなどの道具と米、味噌を背に担いで山に入った。水場があり、雪崩などの危険がない平坦地を選んで簡易なゼンマイ小屋を建てる。ここで寝起きしながら、採ったゼンマイを燻製《くんせい》にして黒ゼンマイにするのである。

1週間から10日でゼンマイの荷下ろしと食料補給に下山し、また山へ入る繰り返しだった。「寝床」を求めて、次第に標高を上げていく。ゼンマイはすべて採り尽くすのではなく、3分の1は残して群生地を守った。

ゼンマイ採りは急斜面で両手を使う重労働であることに加え、深夜まで火加減を見ながら燻製作業をするため、煙に悩まされて満足に眠れない。趣味の山菜採りのイメージとはかけ離れた、辛《つら》い仕事だった。

当時は商人が集落へ買い付けにきて高価格で売れ、米作以上に家計を助けたという。わたしを含めた兄弟4人が大学に進学できたのは、父のゼンマイのおかげだったと聞かされたのは、ずっと後のことだった。

炭窯造りを考え始めた平成7(1995)年春、わたしは夢創塾を登山口にする大地山への登山道を拓《ひら》き始めた。夢創塾は標高200メートル余りにあるので、1167メートルの山頂との標高差約960メートル。雑木の中に登山道を通すことが、1年や2年で終わる楽な作業でないことは覚悟していた。

登山道開設を思い立ったのは、岳人たちとの出会いの場を作るためだった。登山道ができれば夢創塾が基地になり、山好きが大地山へと集まってきて、酒を酌み交わす仲間の輪が広がる。わたしが思い描く夢創塾の未来だった。さらにカスケード山脈の聖山16座を踏破するためのトレーニングの場が身近にほしかったため、自分で作ってしまおうという思いもあった。

山頂へのルートは、まず夢創塾東側のスギ林の急勾配を抜けて尾根に取り付く。スギ林を過ぎると雑木林、標高が上がるにつれてブナ林、ミズナラ林と続く。基本は尾根をルートに、山頂に向けて登山道を伸ばすことにした。道幅を1・5メートルほどに決め、木や草を伐採して先を目指し始めた。道具はチェーンソー、ナタ、ノコギリ、草刈機だ。

急勾配のスギ林はザイルを固定し、これを掴《つか》んで登るきついルートになった。樹齢80年ほどのスギは祖父が植えた。このような大木をチェーンソーで切る際は、わたしなりのささやかな儀礼があった。「ありがとう」の感謝を込めて、手で幹をたたく。無事に伐《き》り倒せるよう二拝二礼。倒す方向へ一礼。また幹を三度たたいて、最後のお別れをする。

チェーンソーで狙った方向へ伐り倒すには技術が必要である。思い通りの方向に伐り倒せたときは、何ともうれしい。上手くいかず、周囲の木に倒れかかったままになることもしばしばあった。

ナタを使うのは細い雑木。一瞬で切り払えることに快感があって、厳しい作業に癒やしをもたらしてくれた。1回で切れなければ、2度3度と叩《たた》きつけることになるが、集中力が足りないとすっぱり切れない。疲れている証拠なので、ナタが切れなくなったら休憩した方がいいと考えた。

ノコギリの出番は、ナタを使うには太すぎ、足場が悪くてチェーンソーでは危険な場合だ。時間はかかるが確実で、登山道作りに欠かせない道具だった。

標高555メートルの松ケ平には、森の主のようなアカマツの巨木があった。周囲の雑木を払うと下界が見渡せ、富山湾から海の向こうの能登半島まで遠望できる。絶好のビュースポットを発見してわたしは感激し、巨木をシンボルにして、そばにベンチをしつらえた。

ブナ林に入ってイガスラ平に達すると、父の炭窯らしき跡がかすかに残っていた。この周辺はシメジ、ナラタケ、マイタケがたくさん採れるキノコの宝庫。秋は紅葉が絶景となる。尾根沿いには境界測量跡や炭焼き道がかすかに見られた。わたしはお年寄りからもかつて道の位置や水場、ツバキの群生地点など聴き取って、ルートの目印にしようとしたが、藪と木に覆われてほぼ消えていた。

森の自然の奥深さ

汗水垂らして登山道をつける体験は、わたしに多くのことを気づかせてくれた。木を伐採し、草を刈り、新しく道を拓くことは森と語り合うことでもあった。しばしば、わたしは伐採の手を止め、目の前の木の肌の模様に見入り、触れてみた。

木にはそれぞれ香りがあり、樹間を吹き抜ける風はさわやかだった。五感が研ぎ澄まされる。森は現代社会に疲れた人間を癒やしてくれる「主治医」だと、わたしは思った。

春に芽吹きと新緑、夏は深い緑、秋の紅葉から白い雪景色へと、木々は表情を変える。森全体で二酸化炭素を吸収し、雨水を溜める「緑のダム」と呼ばれ、根を張って斜面の浸食や表層崩壊を防いでいる。落葉は土壌を豊かにし、雨や雪解け水はしみ込んで涵養《かんよう》され、養分豊かな地下水に変わって地中を流れる。数年、ときに数十年後に湧水として地上や海底へ噴き出す。

また山に入れば、カモシカやサルたちに出合った。タヌキなどの足跡や糞《ふん》も見つかる。観察すると彼らの活動の様子を窺《うかが》い知ることができた。獣、鳥、昆虫、菌類など大小の生き物たちは食物連鎖の中で暮らしている。森の生命の多様性は、多様な植物によって作られる懐の深い環境で成り立っていた。

そんな自然のままの森と、植林されたスギ山が1本の登山道で結ばれてみると、違いはあまりにも明白だった。スギの単一林に、豊かな自然のサイクルは生まれない。間伐もせずに放置されて過密なまま高木になれば、樹冠が空全体を覆って暗い森になる。低木も育たず、生き物の様態は貧しく単純だ。スギが悪いのではなく、植林しておきながら手入れをしない人間の責任である。だからわたしは、小屋作りでも間伐材の使用にこだわった。

森に登山道を切り拓く作業は、他に代え難い爽快感があった。しかし、さすがのわたしも鍋倉山を越えた標高830メートルあたりで体力に限界を感じた。あまりの重労働続きで、作業を中断せざるを得なかった。

これを知って応援に駆けつけてくれたのは、県山岳連盟の若い会員たちだった。彼らはテント持参でやる気にあふれ、後半のルート開設の大戦力になってくれた。わたしは彼らのエネルギーに驚くとともに、深く感謝した。

平成9（1997）年、3年をかけて登山道は開通した。登山道が整った大地山は後に「富山の百山」にも選ばれた。

新しい生きがい

柿ノ木谷の広場の炭窯から1本の煙が立ち昇ると、お年寄りたちが集まってきて「やまびこの郷」が生まれた。二つの炭窯から煙が昇るようになると、今度は子どもたちが集まってきた。

あるとき、30歳前後の溌剌《はつらつ》とした青年教諭が夢創塾に現れた。地域訪問をしているうちにわたしの噂を聞き、見学にきたのだという。青年教諭は小屋、炭窯、露天風呂などすべてが手作りであることに驚き、山に囲まれた自然景観に感嘆した。何度もやってきて夢創塾で囲炉裏を囲む仲間内の談義に加わり、炭焼きの手伝いまでするようになった。

当時、南保小学校で6年生の担任をしていた内山真之先生である。

内山先生はやがて、体験学習の一環として、ふるさとの里山文化を学ばせようと児童を引き連れて夢創塾を訪れた。

わたしは子どもたちに炭窯や炭を見せて説明し、昔の生活について語った。話をするだけでは、子どもたちの記憶にどこまで残るか疑問だったのでこんな提案をした。

「次は、みんなの家や周りにある木片を持ってきてください。この炭窯で、自分の炭を焼いてみませんか」

これがスタートだった。

内山先生には「体験こそ勉強に勝る子ども育成の礎」という考えがあり、子どもたちも提案に興味を持ってくれたようだった。

子どもたちはさまざまな木片を持ち寄って夢創塾を再訪。みんなで窯に入れて炭にした。炭ができると、どう活用するか効用を調べて考え、トイレの脱臭用のほか学校の下水浄化剤、飾って楽しんだりした。炭焼きとはどういうものかを知り、不要になった木片であろうと、炭化すれば多様な活用法が生まれることを学んだのだ。

気づけば6年生だけでなく、5年生や、南保小学校蛭谷分校の子どもたちも夢創塾を訪れるようになった。魚津市の小、中学校からもやってきた。夢創塾が口コミで広がり、後に内山先生に聞いたところでは、児童もだが、むしろ先生たちに体験学習が喜ばれたのだという。

「体験」とは、完成品を見るのではなく、完成までの過程に関わること。与えられた課題をただこなすのではなく、もの作りに自分も加わった実感が本物の価値観を育む。教師だからといって、そうした体験が豊富というわけではなく、夢創塾で行うことは、先生たちにとってもどうやら新鮮だったようだ。

何度も訪れた子どもたちは、やがてわたしを「先生」と呼ぶようになった。呼び名に恥じないよう、自分を磨き、勉強しなければならない。わたしは子どもたちの生き生きと輝く姿に毎回、深い感動を覚えた。体験学習後に必ず届く感想とお礼の手紙は、宝物になった。

これまで知らなかった新鮮な喜びだった。

悠々と仙人を気取り、山登りを楽しむより、もっと生きがいを感じられる未来がわたしに見えてきた。自然体験学校としての夢創塾が動き始めていた。

小学生に卒業証書の紙漉《す》きを指導

第３章 自然体験学校

コウゾ栽培

「それこそ、学校の教師には絶対に教えられないことです」

内山先生は、わたしの考えに全面的に賛同してくれた。蛭谷《びるだん》の伝統工芸である和紙作りを、子どもたちに体験させたいと提案したのだった。

当時、蛭谷では伝統工芸士の米丘寅吉《よねおかとらきち》さんだけが和紙を漉《す》いていて、長い歴史を持つ蛭谷和紙は途絶える寸前だった。もともと南保小学校は、米丘さんの協力で卒業証書に和紙を使っていた。これを発展させ、子どもたちと原料になるコウゾの栽培から始めるのだ。秋に刈り取り、皮を剝いで叩《たた》き、ようやく紙を漉く準備が整う。和紙はどのようにしてできるか、子どもたちは1年かけて学び、最後は世界に1枚だけの自分紙を得る。

夢創塾での体験学習は、南保小学校の年間を通したカリキュラムに組み込まれるようになった。このころから全国の小、中、高校で「総合的な学習の時間」が段階的に始まっていた。文科省がスタートさせた総合的な学習の時間は、子どもたちが自ら考え、行動する力を養うことを目的とし、地域の産業体験をはじめとして実践例は多様だった。

わたしは新年度が始まる前に、和紙づくりを柱としたさまざまな年間テーマを組み立て、内山先生と内容を検討した。夢創塾で提供できる学びの基本は「体験」だ。しかし、押し付けであってはならない。面白く、楽しいこと。自分が子どもだったら、どんなことが楽しいだろうかと考えた。

背後に山が広がり、広場に谷川が注ぎ込み、近くを小川が流れる。四季折々の表情があって、自然と里山について学ぶ条件がそろっていた。伝統の和紙作りや炭焼きに加えて、間伐材を生かした木工作、土をこねて野焼きする土器作り、森に入れば生き物観察、さらにやまびこの郷のじいちゃんたちから昔の生活道具の作り方を教わることもできた。

「児童が教室では見せない表情を、夢創塾では見ることができます」

いつだったか、内山先生はそう言っていた。毎回のように校外へ出る授業を許可した、当時の校長先生の判断にも感謝しなければと思う。


和紙作りを提案しながら、実はわたし自身が学ばねばならなかった。母や父の仕事ぶりは見ていたが、炭焼きと同じで、和紙に関しても「子どもの手伝い」しか経験がない。米丘さんら、昔を知る集落のお年寄りのアドバイスが頼りだった。

コウゾは落葉広葉樹の低木で、樹皮は褐色、2、3メートルに成長する。樹皮から取り出した繊維が紙の原料になるため、古代から栽培されていた。繊維は長くて強く、和紙は揉《も》んでも丈夫で破れにくい。蛭谷で栽培されていたコウゾは今も山に自生していて、わたしはお年寄りからその場所を聞き出した。

春。南保小学校の5、6年生がその山に入った。県農地林務事務所の指導員に協力してもらい、母樹である野生のコウゾの周辺から、今年生えた若木を掘り起こした。「芽を傷つけないように。根っこをできるだけ長く掘って」子どもたちは指導員に教えられ、にぎやかにシャベルやスコップを使った。校舎裏にある学校畑は、事前に子どもたちが耕し、雑草を取って準備万端だった。1人が2本ずつ若木を持ち帰り、丁寧に移植して肥料を施した。和紙に使うのは、その年生えた1年ものだけである。2年以上を経たコウゾは皮の繊維が固く、良質の和紙にならない。夏にかけてわき芽を摘み、雑草を抜いた。コウゾは若々しい幹を太くして、すくすく育った。晩秋、落葉が終わり、幹の太さが2、3センチに育ったところで刈り取った。

一方でわたしの方は、作業の準備をしなければならない。家の寒い土間で紙叩きをしたのは遠い思い出で、残っている我が家の道具類を引っ張り出してきたが、そのままでは使い物にはならなかった。

必要な道具はいろいろだった。コウゾの繊維を溶かした水を入れる「漉き舟」、紙漉き枠の「簀桁《すげた》」、紙を切る「切り台」、プレスして紙の水分を絞る道具。乾燥機。さらに紙叩きをする専用の杵《きね》など、細かいものまで挙げるときりがないほどだった。

わたしは記憶を頼りに、一つずつ手作りと工夫でそろえていった。購入できる道具もあったが、大量生産している代物ではないから、買うと何しろ高かったのだ。紙叩きの杵は、木工の体験授業で子どもたちが自作した。また紙を漉く簀桁と簀は、卒業証書の大きさにサイズを合わせて作った。
コウゾ栽培から始めた自分だけの紙は、3月に手渡される卒業証書になるからだ。

卒業証書

コウゾを収穫したら、冬はいよいよ和紙作りの季節だった。一つひとつの工程を、子どもたちと一緒にわたしも体験して準備を進めた。工程を簡単に記すと次のようになる。

＜蒸す＞

コウゾを70センチほどに切りそろえ、60から70本に束ねる。数束を大鍋に入れて、中底の上に立てる。ドラム缶をコウゾにすっぽり被《かぶ》せて蓋《ふた》にし、鍋底には水を入れる。丸1日、薪《まき》で火を燃やして蒸し続ける。とにかく大量の薪が必要で、山から切り出すのは大仕事だった。子どもたちには、わたしが割った薪を元気に運んでもらった。

＜樹皮を剝ぐ＞

蒸しあがったコウゾは温かいうちに、樹皮を剝ぎ取る。このとき上から下まで、途中でちぎれないように、すっと剝がさないと後の作業が面倒になる。剝いだ皮の繊維が和紙の原料だ。

＜黒皮を取る＞

包丁を使って、剝ぎ取った樹皮の表面の黒皮、さらにぬめりのある形成層を除いて白皮だけにし、雪や水に晒《さら》す。

＜白皮を煮る＞

木灰を入れた熱湯で8時間ほど白皮を煮る。木灰ではなく、苛性ソーダを加える方法もあるが、夢創塾では化学薬品を使わず昔ながらのやり方で煮た。

＜ごみや傷を取る＞

煮上がった白皮を水に浮かべ、傷が付いて変色した部分や紛れ込んだゴミを丹念に取り除く。昔は蛭谷のおばあちゃんたちが、黙々とこの作業をやっていた。

＜紙叩き＞

わたしが子どものころ、よく手伝わされた作業である。平石の上で、専用の杵を使ってひたすら白皮を叩き、繊維を細かく柔らかくする。仕上げにミキサーを使えば作業がぐっと進む。ここまで終わってようやく、紙を漉く段階に入る。

＜漉き水を作る＞

漉き舟の水にしっかり叩いた白皮の繊維と「ネリ」を加えてかき混ぜる。自家製の甘酒のような濃度の、とろりと白い漉き水にする。ネリは、トロロアオイの根を刻んで潰《つぶ》し、水に漬けて抽出する。どの程度ネリを混ぜるかは、表面の滑らかさにかかわる重要なポイントだ。和紙を作るにはコウゾだけでなく、トロロアオイも栽培してネリを作っておく必要がある。

＜紙漉き＞

漉き舟の中で前後左右にちゃぷちゃぷ。簀をセットした簀桁で紙を漉く。簀の表面に繊維が重なり、紙になっていく。子どもたちの表情は真剣だ。終わったら慎重に水をきる。

＜脱水、乾燥＞

漉き上がった紙を50枚重ねると、10センチほどの厚みになる。上からジャッキを使って圧力をかけて脱水。次に1枚1枚、破れないようていねいに剝がし、乾燥させてできあがりだ。

こうして子どもたちは、世界に1枚しかない紙を作った。

和紙作りが始まると、夢創塾には小さな小屋が一つ増えた。紙漉き小屋だ。雨が降れば、露天で紙を漉くわけにはいかない。3、4人も入ればいっぱいになってしまう、小さな作業場だった。

わたしはコウゾの蒸し方や木灰の調達、トロロアオイの栽培とネリの作り方など、地域のお年寄りから聴き取り、子どもたちがやってくる前に何度も試してみた。実際の授業も、夢創塾の塾生と事前練習を繰り返し、全員で先生役を務めたこともあった。年間を通した和紙作りは、わたしにとっても大きな学びになったのである。

それにしてもと、わたしは思った。和紙作りも炭焼きも、1日や2日では終わらない地味な仕事の連続であり、しばしば重労働だ。昔の人たちは黙々と、そうした営みを積み重ねて生業《なりわい》にしてきた。子どもたちは夢創塾での体験を通して、先人の生き方に、少しでも心触れることができただろうか。

雪解けが進んで春がやってきた。子どもたちが巣立つ日、わたしは卒業式に招待された。6年生一人ひとりの名前が呼ばれ、校長先生から卒業証書を受け取った。その時初めて、わたしは全員の名前と顔が一致した。夢創塾で先生と呼ばれながら、実は毎回の授業に一生懸命で、全員の名前をしっかり覚える余裕さえなかったのだ。

世界に1枚だけの、自作和紙の卒業証書。手にする子どもたちを見て胸が熱くなった。

「苗から育てた、どこにもない卒業証書を誇れます」

「自分紙は一生の思い出になりました」

子どもたちはそう言ってくれた。やがて大人になったとき、故郷の和紙作りを思い出して、1人でも多く帰ってきてくれることを願った。

卒業証書の紙にする和紙作りはその後、隣接する五箇庄《ごかしょう》小学校も加わった。富山市の美容と理容を学ぶ専門学校の若い女性たちが、卒業証書作りに通ってきた時期もあった。「紙」に「髪」を引っかけた学校の方針だったらしい。

ケナフブーム

1990年代の終わりから、地球規模の環境問題がクローズアップされ、ケナフ栽培とケナフ紙が大ブームになった。

ケナフはアフリカ原産の一年草で、成長が早い。茎から採った繊維で紙を作ることができ、木材パルプの代替資源として森林伐採を抑止できるとされた。しかも成長過程において二酸化炭素の吸収が旺盛で、温暖化対策にも有効だと言われた。

日本中の小中学校で環境学習の一環として栽培が広がり、いつも出向く南保小学校にも植えられた。わたしは大いに関心を持ち、さっそく休耕田にケナフを植えた。夢創塾の体験テーマにも取り上げ、子どもたちと一緒にケナフを栽培して紙を作った。併せて環境保全を地球規模で考えてもらおうと、森林資源の大切さや自然の循環について話した。

当時、わたしが勤務していた県魚津農地林務事務所でもケナフに着目した。小学校と連携して栽培と紙作りを行い、その紙で児童の感想文集を作って学校に贈った。

ところが、わたしは間もなく首を傾《かし》げるようになる。

ケナフを太く、大きく育てるために化学肥料を撒《ま》いた。茎から採った繊維は硬いため、苛性ソーダなどの薬品処理で柔らかくする。白く脱色するには漂白剤が必要だった。そのつど薬品を含む廃液が出た。

栽培が温暖化対策になるという点も、少し考えると疑問だった。森林は光合成で二酸化炭素を取り込み、炭素に固定して自らのうちに溜《た》め込んでいる。たとえ木材や木製品になっても、燃やさない限り「炭素の缶詰」であり続ける。

しかしケナフは一年草なので毎年枯れ、繊維を採った後に出る大量の残りは焼却処理された。いったん吸収して固定した二酸化炭素の大半は、すぐ自然界に戻っていた。トータルで考えたとき、ケナフの紙作りが環境にやさしいとは、どうしても思えなくなったのだ。わたしが考えを述べると、憤慨したり、しらけた顔をする人もいた。ともあれ、わたしはケナフ栽培をやめた。世の中のケナフブームは数年続き、いつの間にか消え去った。あれはいったい何だったのだろう。

キツネの嫁入りと仲間たち

夏の夜のことだった。夢創塾の近くを流れる小川の対岸、数百メートル離れた県道を車で走っていた人が、不思議な光景を見て驚いた。川向こうの黒々と闇に沈む山の中を、鬼火のような明かりが列をなして動いていたのだ。ドライバーは思わず呟《つぶや》いた。

「あれはキツネの嫁入りか…」

その話が後日、わたしのところに伝わってきて思わず笑ってしまった。

夢創塾が自然体験学校としてスタートして間もないころから、定期的に来訪するようになった学校の一つに、新潟県の海に面した町の小学校があった。そのときは5、6年生がテント持参で宿泊学習にきていた。

普段は海に親しんでいる子どもたちである。山々に囲まれた広場で、ぐるりと景色を見まわし、思わず声を上げた子がいた。

「ここは緑の海だ！」

里山に暮らす人間にはない発想で、わたしはすっかり感心してしまった。子どもたちは広場にテントを張り、里山の恵みや生活についての話を聞いた後、自然の中で自由に遊んだ。たっぷり汗をかいて露天風呂にも入った。

夜の体験メニューとして準備しておいたのが、松明《たいまつ》ハイクだった。森林は昼と夜でまったく表情が異なる。緑の海も日暮れとともに闇に包まれ、足を踏み入れれば知らない世界が広がっている。頭上を覆う木の枝1本1本がおっかなく、夜行性の動物たちが活動する時間だ。

わたしは棒っきれの先に布を巻いた松明を、人数分用意しておいた。わたしが先頭に立ち、先生たちと安全に気を配りながら、昼はハイキングコースになる裏山を登った。火のついた松明を手にした子どもたちが続き、数百メートル上まで歩き通した。大昔にタイムスリップしたような、探検気分だっただろう。

対岸のドライバーを驚かせた「キツネの嫁入り」の正体は、その松明行列だ。夜の森ハイクは、宿泊学習の子どもたちに体験してもらう、定番メニューの一つだった。

自然体験学校としての夢創塾の存在は、年々口コミで広まり、新聞やテレビでも取り上げられるようになった。学校単位、地域の児童会やPTA、新聞やテレビで見た親子など、来訪者は次第に増えて富山県内や県外からもバスや自家用車できてくれた。いったいどんなことをやっているのかと、大人の見学者も増えた。

わたしはときに塾生や妻、地域のお年寄りにボランティアとして助けてもらいながら、子どもたちが1日楽しめる自然体験メニューに知恵を絞った。単なる薪割りさえ、子どもだけではなく、大人にも新鮮な体験になるようだった。割った薪や炭火を使い、「みそかんぱ」を始めとした素朴な里山の味を、自分たちで作って味わってもらった。広場には新しい小屋や手作りの遊具、そして生き物たちが増えていった。


夢創塾に、嫁入りするようなキツネを飼ったことはないが、人間以外の仲間たちは次々と加わった。最初は谷川から取水して造成したイワナの池。さらにアイガモ池ができ、ビオトープも作った。昼は放し飼いのニワトリや烏骨鶏《うこっけい》も歩き回るようになった。

わたしが中学生のころまで、我が家ではヤギ2匹とニワトリ15羽を兄弟が当番制で世話をしていた。今の子どもたちにも動物とふれ合ってほしかったし、夢創塾にかつての里山光景を再現したい思いもあった。

いつの間にか居候を決め込んでいたのは、タヌキだった。しばらく花炭窯を使わない時期があり、そろそろ新しい作品を作らなければと、窯の中に入ってびっくりした。タヌキの巣があったのだ。即刻、巣を外に放り出したが、さてタヌキはその日からどこで寝たのだろうか。キツネは冬から春にかけての外敵だった。雪解けのころ、アイガモたちは池を出て餌を探し、行動範囲を広げる。するとアイガモを狙ってキツネが姿を見せる。昼から池の周辺をうろつくキツネを見つけ、雪玉を投げて追い払ったことがあった。

翌朝、アイガモに餌をやっていて何となく少ない気がした。数えてみるとオス1羽、メス2羽が足りない。周囲を見回ると、排水口付近にたくさんの羽根が浮いていた。キツネかテンに襲われたのだろう。雪に覆われて食べ物が得られない季節、森の野生動物たちは生きることに必死なのだ。

アイガモたちは、大雨の泥や枯れ枝で取水口が塞《ふさ》がれて池から逃げ出す集団失踪事件を起こしたり、餌をカラスに横取りされたりと、何かと受難も多いのだが、昼間隊列を組んでよちよち歩く姿は平和そのものである。

そこにヤギが仲間入りした。ヤギは、県畜産試験場から3匹やってきた。試験場では情操教育の一環として、飼育数に余裕があり、希望する小学校があればヤギをプレゼントしていた。民間施設の夢創塾は対象にならないが、南保小学校が贈呈を受け、夢創塾で委託飼育することになったのだ。

放し飼いにされた3匹はたちまち人気者になった。「かわいい」と声が上がって、バスから降りた子どもたちに取り囲まれる。先生が「整列」の声をかけても収拾がつかないほどだ。

ヤギは草を食べ、その乳を人が飲み、糞《ふん》は土にかえって植物を育てる。わたしが里山の暮らしで繰り返されてきた小さな自然の循環を説明すると、みんな目を輝かせて聴いた。実際にヤギたちの糞は、夢創塾に造成した畑の貴重な肥料になった。

そんなヤギにも受難が訪れた。わたしが原因だった。ヤギにいたずらされないよう、畑との仕切りに網を張ったのだが、ちびのヤギの角が網に絡まり、身動きできなくなった。悲壮な鳴き声に気づいて駆け付けると、口から涎《よだれ》を流して泡を吹いていた。苦しかったのだろう。急いで解放してやった。残る2匹は近くで動かず、ずっと見ていた。仲間を心配するヤギの心を、わたしはひしひし感じた。

ところが後日、どこから侵入したのか、畑のハクサイを3匹がほとんど食い散らかした。ヤギにしてみれば「ぼくたちの糞を肥料に育ったのだから、頂いて当然」だったのかもしれない。

あるときわたしは、忘れられない光景を見た。

小学校低学年の女の子が、ヤギに話しかけた。

「座ろっか」

するとヤギは脚を折り、地面に座ったのだ。女の子も座り、ヤギの頭をなで、顔をくっつけて頬ずりした。言葉が通じるかのように、語り合っていた。

その子だけにはアイガモもおとなしく抱かれた。ぞろぞろ後をついて歩き、女の子が走るとアイガモたちもドタドタと一生懸命に追った。

「動物とふれ合う」という、通り一遍の言葉では説明がつかない。わたしには子どもが持つ、何か不思議な能力としか思えなかった。

合掌小屋

自然体験学校としてにぎわい始めた夢創塾に、早急に必要なのはしっかりした屋内の作業空間だった。紙漉き小屋は作ったが、簡易で手狭過ぎた。また広場でテント宿泊する小学校が何校か出てきて、荒天に見舞われたときの避難施設を用意しておきたかった。さらに大地山登山道を考えると、登山口に無料の避難、宿泊小屋があった方がいい。

合掌小屋を建てる構想は、これらの懸念を一掃しようと生まれた。1階は紙漉きや木工の作業場、2階は宿泊できるだけでなく茅《かや》編みが体験できる空間にし、天井裏の3階にも2、3人は泊まれる空間を確保する。

合掌造りを考えたのは、屋根が急勾配で雪に埋もれても潰れない構造だったからだ。世界遺産の五箇山によって合掌造りは富山県のシンボルになっているし、わたしが愛する朝日岳を拝むようにして合掌小屋が建てば、いかにも夢創塾にマッチするように思えた。

丸太柱をわら縄とニソ（マンサクの枝を捻《ねじ》って使いやすくしたもの、ネソとも言う）で接合する方法や、屋根の茅ふきの技など、必要な知識はまたしてもお年寄りたちから学んだ。まず模型のミニ合掌小屋を製作。細部まで精巧に作り上げてから、実際の建築に挑んだ。詳細な設計図は今回もわたしの頭の中にあるだけだったが、それなりの規模なので建築確認申請を提出した。

合掌小屋は横幅5・5メートル、奥行き8メートル、高さ7・5メートルの三階構造。平成11（1999）年に計画し、基礎の岩組みから始めて平成14（2002）年に完成するまで、世紀をまたいだ4年がかりの建築になった。完成を急がなかったのは、体験学習の一部に作業を組み込んで、たくさんの子どもたちに手伝ってもらいたかったからだ。もちろん希望があれば、大人の来訪者にも助けてもらった。

一度作業に加わると、その後どうなったか気にかかり、また手伝いに来てくれる。わたしは小さな力を集めて、みんなで小屋を完成させる夢を共有したいと考えていた。やがて「あの合掌小屋は自分も加わって建てたんだ」と、大人になっても思える建物にしたかった。何を手伝ってもらえるか、安全は大丈夫か、わたしは毎回考えて事前に準備を整えた。

障害者施設から定期的に来訪する9人にも参加してもらった。ある午前中は、みんなで桁に使う間伐材の皮剝《む》きに励んだ。そのうち2本を横桁として設置。昼には作業が終わり、全員で仲良く帰路についた。

計画変更もあった。建築が進むうちに茅の調達が困難だと分かって、屋根の茅ふきを断念せざるを得なかった。仕方なくスギ板で代用したが、間もなく屋根中央の山側が雨漏りするようになった。手作りとはいえ、雑な仕事はしていないつもりだった。

不思議に思って原因を調べると、犯人はなんとキツツキ。屋根板をつついて、丸い穴を空けたのだ。ハシゴを届かせて穴に透明なアクリル板を打ちつけ、キツツキが採光穴を作ってくれたのだと思うことにした。わたしは心の中でキツツキにお願いした。「これ以上は勘弁してくれよ」。もっともこの屋根はやがて節穴から雨漏りし始め、後にコーキング作業で苦労することになった。

実を言えば、合掌小屋は現在もまだ完成していない。あるとき、町役場の税務課から職員が訪ねてきた。小屋を検分し、完成すれば固定資産税がかかると言われた。わたしはびっくりした。資材費も労賃もゼロではないがほとんどお金をかけていない。「手作りでも税金がかかるのか」と反論したが、聞いてもらえない。

自然体験学校は営利活動ではないので、必要経費を超える収入はない。むしろ出ていく方が多い。困ったわたしは、窮余の一策を講じることにした。入り口と裏の囲いを塩ビ板の仮り止めだけにし、永遠に完成させないことにしたのだ。ちなみに夢創塾の最初の手作り小屋・夢創小屋は税金を払っている。

朝日岳を拝むような合掌小屋が「完成」すると、夢創塾の新しいシンボルになった。作業体験場として活躍し、避難所、登山小屋としてはシュラフ7個を常備した。全国から訪れる登山者や毛布持参のキャンパーが利用することもあった。そうした折には、夢創小屋の囲炉《いろ》裏《り》を囲んで山菜料理でもてなし、山と自然を愛する仲間として話が尽きなかった。

流木炭

「次に夢創塾にくるときは、木片が入場券です」

炭焼き体験で、わたしはしばしば子どもたちにそう言った。かつて、内山先生に連れられて、初めて南保小学校の児童がやってきたときと同じ提案だった。廃材でも、折れた庭木の枝でも、壊れた木製のおもちゃでもいい。身近なものを持ち寄って、それが炭になると分かれば面白さが増すだろう。焼いた炭のいろいろな活用法を調べて、生活に生かす方法を一人ひとりが考える。

炭からは、心身をリラックスさせるマイナスイオンが発生することを知り、砕いた炭入りの枕を作っておばあちゃんにプレゼントした男の子がいた。

「ぼくの枕をとても喜んでくれて、おばあちゃんは毎晩ぐっすり眠れるようになった」と、うれしそうに報告してくれた。

たまたま、そのおばあちゃんとわたしは面識があった。

「眠ったかどうか、孫が毎晩様子を見にくるから、がっかりさせんよう寝たふりせんなんがいちゃ」

わたしたちは思わず笑い合った。

別の子は黒部川まで流木を拾いに行った。黒部川は北アルプス、3000メートル級の山々が連なる立山連峰と後立山連峰の間に黒部峡谷を穿《うが》って流れ下り、広大な扇状地を形成して富山湾に注ぐ。下流の広い河原には、急流を経て樹皮を剝がされた大小の流木が流れ着いている。

黒部川の流木も黒い炭になった。どういう経緯か分からないが、その子は炭になった流木を建設省（現国土交通省）黒部川出張所へ持ち込んだらしい。

ある日、家の電話が鳴って、出ると黒部川出張所からである。

「流木が炭に再生できるなら、いくらでも提供したい」

申し出を受け入れたら、大型車で100トンもの流木が一気に運ばれてきて驚いた。

黒部川では年間数千トンの流木が出て、実は処理に苦労しているのだと分かったのは、後日だった。黒部川出張所では一部をチップに加工し土壌改良材として再生を図っていたが、コストがかさむ。ところが廃棄物処理法が改正され、野焼きが禁止されることになった。自治体の焼却施設に持ち込むにも運搬費ががかる。要は、黒部川の流木は頭の痛い厄介者だったのだ。

わたしは夢創塾でできることを考えてみた。炭にして細かく砕き、畑に撒けば土壌改良剤になる。焼くときに出た木酢液も併せて農家に提供すれば、厄介者も資源だ。あるいは家の床下に撒く調湿剤にも、水質浄化剤としても活用できる。さらに、子どもたちと川や海へ流木拾いに出かければ、自然について学ぶ新しい環境教育の一環にもなるだろう。

流木炭を焼き始めると、思わぬ反響があった。ユニークな流木の資源化として新聞に取り上げられ、北陸農政局からも見学にやってきて、いろいろ質問された。わたしは何とかこれを軌道に乗せたいと一生懸命になった。

子どもたちと流木集めに出かけ、炭に焼いて砕き、学校のコウゾ畑や夢創塾の畑にすき込んだ。また10キロの流木炭を入れた大きなネットを20袋作り、富山市にある自然博物園の川底に敷き詰めて水質浄化を図った。袋代などの実費はもらったが、施工作業も自分でやったボランティアである。

しかし、結果を述べれば、流木をリサイクルする試みは軌道に乗らなかった。残念だったが、大量に炭にするには困難が多すぎたのだ。

流木を観察すると主な木はスギ、ネズコ、シラビソなどの針葉樹のほか、ブナ類だった。炭窯に入れる前に切り揃《そろ》え、太ければ縦に割らなければならない。ところが流木は隙間に石が隠れていたり、裂け目の奥まで砂が入り込んでいた。いくら洗い、気をつけても、チェーンソーの歯がすぐに傷んでしまった。これはどうにも打開策がなかった。

加えて木質が固くなっていて、斧《おの》で縦に割るのも一苦労。木の表面が腐っていたり、形が歪《いびつ》で切り揃えることができないものもあった。それでも建設省から届いた流木の何分の一かは炭に焼いた。

残った流木が無駄になったわけではない。木工体験の材料として、子どもたちに流木を使った工作をしてもらった。

人生の節目

夢創塾が自然体験学校としてにぎわう平成13（2001）年3月、わたしは県魚津農地林務事務所次長を最後に、37年間勤めた県を定年退職した。公務員としての職を全うし、人生の節目を迎えた。その前年の平成12（2000）年4月16日に、母は78歳で他界していた。わたしの59歳の誕生日が命日になった。

母は父と一緒にスギの手入れに山に入り、農作業に精を出し、高度経済成長期には土木作業員もした働き者だった。家で和紙を作っていた昭和20年代までは、紙漉きの名手でもあった。おっとり型の社交家で、先祖の月命日に必ずバタバタ茶会を開いて、ご近所さんや友人を招いた。

わたしは子どものころ「お茶飲みにいらっせー」と、よく使い走りをさせられた。来てもらった人の家のバタバタ茶会には必ず出かけ、ときにはお茶会のはしごもするほどで、地区の婦人会長を務めた時期もある。

田の畦《あぜ》や空き地には、チューリップをたくさん植えた。雪が深いから平地に比べて遅咲きになる。母はそれを楽しんだ。チューリップは母の死後も、毎年土手に小さな花を咲かせ続けた。夢創塾に至る林道沿いに111本の皇寿桜を植え、わたしが夢創小屋を建て始めたときには、土台作りや材木運びを手伝ってくれたこともあった。

わたしを朝日岳に連れていってくれた父は、母より早く平成元(1989)年2月3日に75歳で他界した。戦地から戻って以来、年中休みなしに働き、イワナ釣りを趣味にして笑顔が絶えなかった。

すらりとした体型で敏捷《びんしょう》で、道具類を自作したり、農機具の修理から家の修繕まで、身の周りにあるものを使って何でも自前で仕上げてしまった。作業の前日には必ず、念入りに段取りしていた姿が思い浮かぶ。農協の理事や蛭谷生産組合長なども務めた。

両親の姿を見ていつの間にか学んだことは、わたしという人間の土台を形作った。


60歳になり、夢創塾の充実に力を尽くせるようになった半面、活動を広げるには経済的基盤に不安があった。退職を機に砺波市に本社がある測量会社から声がかかり、黒部支店長として週3日だけ勤務することにした。後年、取締役として会社経営の一端を担うことになり、「二足のわらじ」生活はさらに続いた。

この年、わたしはいよいよ忙しくなっていた。自然体験の子どもや親子に加え、婦人会の勉強会、地域づくり団体の見学などが相次いだ。毎回、事前の受け入れ準備が欠かせず、夜更かしの連続になった。さらに自然や里山文化、地域活性化についての講演依頼が年間30件以上舞い込み、どれも頭を悩ませながら話した。「こどもエコ・フェスティバル」という催しに招かれたときは、ドラえもんの声優・大山のぶ代さんらと壇上で意見を述べ合うという、めったにない経験もできた。

合間を縫って、カスケード山脈の聖山16座の踏破を目指す米国遠征は続いていた。また宮城国体の山岳競技総監督として現地へ行き、地元では大地山登山は案内で5回登り、高校生の登山教室の指導もするなど、あれこれと延べ1カ月は山にいた。

加えて地元南保地区活性化の新たな役割を任されるのだが、これは後に記す。人生の節目を迎えたわたしの二足のわらじ生活は、スタートからぎりぎりのてんてこ舞いだった。何をどこまでできるのか、60歳を過ぎて自分の可能性に挑戦している気分だった。

教科書の執筆

自然体験学校の活動を本格化させると、JAグループが発行する全国誌・家の光に「朝日岳の麓に集う」、また農山漁村文化協会（農文協）の月刊誌・現代農業には「炭焼きは天下の楽しみ」として、わたしの取り組みが紹介された。

農文協は東京に本拠を置く社団法人で、定期刊行物や単行本の出版だけでなく、総合営農研究会や日中農業交流なども行う文化団体である。高校農業科用の教科書も出していた。平成14（2002）年秋に農文協から電話があり、「夢創塾で実践していることを高校生の教材にしたい」と要請された。よく聞けば、わたしへの教科書執筆依頼である。

具体的にどんな内容にするかは、夢創塾を訪問して話し合いたいという。日時を決めて朝日町の泊駅まで担当者を迎えに行き、見学してもらいながら施設や活動内容を説明して資料を渡した。あまり深く考えることもせず、わたしは執筆依頼を受けた。実は日々忙し過ぎて、高校の教科書を書くとはどんなことか、深く思いを致す余裕がなかったのだ。

後日、送られてきた13人の執筆者名簿を見て驚くことになる。熊本大学法学部教授、国立歴史民俗博物館教授、明治大学農学部教授、農業試験場主任研究員などのそうそうたる人たちに交じり、「自然体験学校・夢創塾（富山県朝日町）塾長」として、わたしの名前があるではないか。

いざ執筆となっても、わたしがそこに充てることができる時間は限られていた。しかも上手に書こうと、変に美しい言葉を入れると次が出てこなくなって、頭の中がすぐパニック状態に陥った。反省し、自分の言葉で書くことを心がけ、朝夕晩に時間を見つけてはこつこつ進めた。素人ながらも、教科書を魅力あるものにしたい、自分の心を込めたいと思った。最後は締め切りに追われ、東京から編集者がやってきて、小川温泉元湯に〈缶詰〉にされて脱稿。悪戦苦闘したが、書き上げてみれば、よくまとまった文章になっていると我ながら感心した。

わたしが担当したのは、高校農業科用教科書「グリーンライフ」の第2章「里山での自然・農村体験とものづくり」に関する18ページだった。求められていたのは〈実践編〉とも言うべき内容だ。確かに研究室にこもる生活と縁がない自分には、実践編こそぴったりだった。概説として里山の保全と循環型社会を説き、体験を基に山菜やキノコの栽培と利用、森林散策と気づき、炭焼きや和紙の「ものづくりの過程」について述べた。分かりやすくしようと、図や写真も多用した。要所には自分の思いを付け加えた。

「炭焼き、紙づくりなどの技術を伝えるだけでなく、技術の背景にあるものや人間生活とのかかわり、ものづくりのプロセスの大切さに気づかせたりすることが重要である」

執筆依頼から1年後の平成15（2003）年秋、文部科学省で教科書検定の意見通知があった。こんな経験はもう一生できないだろうと思ったわたしは、上京して他の執筆者、農文協の担当者と文科省に集合した。

「グリーンライフ」に通知された指摘事案は28カ所。農文協の担当者によると100カ所を超えることも珍しくないというから、ずいぶん少なかったことになる。わたしが担当した部分は4カ所だけで、ほっとした。指摘されたのは説明不足や図、表と記述の細かい整合性で、よくぞここまで精査したと驚いた。検定する人も大変である。

翌年度から「グリーンライフ」は、全国の高校農業科の教科書に採用された。また一部を再編集して、一般向けの本としても刊行された。苦労した教科書の執筆はわたしに、大きな喜びとささやかな誇りをもたらしてくれた。顔も名前も知らない全国の高校生と、教科書を通してつながることができたのだ。

森と遊ぶ

夢創塾に高さ25メートル、樹齢はゆうに100年を超えるナラの大木があった。高さ9メートルの位置から縄ばしごを垂らし、さらに登山用のザイルを数本張って地面に固定。命綱を付けて木登りができるようにした。

両手でザイルをつかみ、バランスを取りながら縄ばしごを1段1段登る。途中の太い枝は、足を置いて体勢を整える。登りきれば、普段は見ることにない樹上の景色に到達できた。岩登りの技術を応用したツリークライミングで、これが大人気になった。

命綱で安全を確保していても、最初は怖い。尻込みするのはむしろ男の子で、女の子の方が積極的に挑戦するのには苦笑いした。たいていは自力で登りきったが、もっと登りたいけれど登れなくなり、上から引き上げてもらう子は10人に1人ほど。もういやだと、途中棄権する子は20人に1人。樹上に到達すると「やったー」の歓声が上がった。見上げる父母から「すごいぞ」「何が見える」と声がかかる。

中には、何も教えないのに、天性のバランス感覚でリズミカルに登っていく子がいた。国体会場だった城端町のクライミングセンターで訓練すれば、素晴らしい選手になること請け合いだったが、いかんせん遠すぎて安易に推薦できないのが残念だった。

わたしは1本のザイルにも、さまざまな山の思い出がある。今は緑の中で子どもたちがザイルを握り、表情を輝かせていた。

単にスリルや面白さだけを求めて、ツリークライミングを始めたわけではない。わたしの中ではどの遊具、活動にも意味があった。ツリークライミングであれば「身体バランス育成と未知への挑戦」「達成感の獲得」「輝いている生命との対話」。日々の作業ノートには、期待する効果だけでなく、設置計画や登山技術を応用した安全策を細かく記した。

親子でやってきた男の子の父から後日、こんな礼状をいただいたことがあった。

「大人たちは安全を重視するあまり素晴らしい自然環境にありながら、そこから子どもたちを遠ざけております。体験もさせずに言葉で伝えたところで、子どもたちのその本質はわかりようがありません。先生が作られた木登り施設はお見事です。安全に配慮された中で空中遊泳ができるなんてすばらしいですね」

2本のスギの幹の上下には、ザイルを張った。上のザイルをつかみながら、樹間を横歩きして渡る空中回廊だ。高所の大枝から吊《つ》った長いブランコや、ターザンロープなど、森を生かした遊具は次々に増えた。

そして、木の上にも小屋を作った。展望小屋の「ツリーハウス」と名付けた。場所は大地山の登山口わきの斜面。スギ6本を支柱に見立て、平地から11メートルの高さで幹に間伐材の丸太を渡して固定し、床を張り、壁や手すりで囲み、屋根を置いた。結束には雨風に強く、腐らない廃品の魚網を活用。横にしつらえた階段から中に入ると、広さは2畳ほどだ。

これも自然体験にきた子どもたちが一部の部材を運び、建築も手伝い、半年かけて共同で手作りした。ツリーハウスからは炭窯や小屋群が点在する夢創塾の全景が見渡せ、小川の対岸の景色も一望できる。「秘密の隠れ家」のような展望小屋だ。

小学校の和紙作りが年々軌道に乗ってくると、わたしはさらに、森を知る体験を通年のプログラムに加えたいと考えた。当時、異動で五箇庄小学校に移っていた内山先生を訪ねて、新しい構想を検討した。

こうして始まったのが、夢創塾の裏山に散策路を作る「風の道」プロジェクトだった。間伐や除伐で道を拓《ひら》けば、明るい森になって光が射《さ》し、風が通るようになる。風の道だ。森林保全だけでなく、作業を通して五感で森を知り、そこから自然の循環を学ぶことができた。

想定したルートは、大地山登山道を利用して標高350メートルまで登る。少し平になった地点で登山道を外れ、右に折れて散策路作りが始まる。雑木林を切り拓いて下降。コナラの大木を縫い、川音が聴こえ始める尾根にとりつき、そこから一気に谷川まで下って夢創塾に戻る計画だった。1年では完成しない。歴代の6年生たちが何年もかけて散策路を延ばし、開通させる計画だ。

「風の道」プロジェクトには五箇庄小学校に加え、あさひ野小学校も加わった。子どもたちは運動服にヘルメット、ノコギリやカマ持参でやってくる。その日切る木を決め、ノコギリを引き、下草を刈った。傾斜を削り、ならす。わたしは子どもにすごいパワーがあることに驚いた。

少しずつでも着実に、自分たちの前に道はなく、自分たちの後ろに道はできた。実際の作業に当たっては、わたしが事前に大まかな伐採を行い、浮石など危険物を取り除いてルート工作を徹底した。藪《やぶ》にはロープを設置し、目標地点には赤い布を結んでおいた。

伐採した木の搬出も大切な仕事だった。間伐したスギはロープをかけて、数人がかりで下ろした。間伐材は後日、木工教室で作る額縁の材料だった。3月に自分の卒業証書を入れる額縁である。切った雑木を杖《つえ》代わりにして「遠足より楽しい」と下山する子もいた。はらはらするのは雨の後の濡《ぬ》れた斜面。案の定、同じ場所で何人も滑ってお尻を泥だらけにするのだが、それも笑いの種になった。

わたしはそんな子どもたちに、2人に1本の割合で、裏山のスギ林の木をプレゼントすることにした。子どもたちに、自分のものになったスギに名前をつけてもらった。やがて大人になっても、夢創塾へくれば力を合わせて作った森の道があり、自分が命名した木があるのだった。

「風の道」プロジェクトは5年続いた。

冬の小川探検

厳冬期の里山は雪が深い。1メートルをゆうに超える積雪に、夢創塾へ向かう林道も広場もすっぽり埋もれてしまう。林道からのアプローチが困難になると、わたしは小川の対岸にあるハーブ園から小川を横切り、ラッセルして夢創塾に向かった。ヤギやアイガモ、イワナが毎日、餌を待っているのだ。

ときにはヤギの餌の野菜屑《くず》を担いで雪の中を進んだが、わたしにとってこの往復は登山訓練も兼ねていた。わたしの顔を見るとヤギは、うれしそうに「めえ」と鳴いた。ヤギ舎が潰れないように雪下ろしをすると、雪の高さは屋根と変わらなくなってしまう。

冬は、夢創塾での自然体験が限定された。雪の上には夜間に活動した野生動物たちの痕跡など、興味深いことがたくさんあっても、林道が使えない間は子どもも大人もやってこれなかった。

そこで始めたのは「厳冬期の小川探検」だった。小川は地元のシンボルのような川。子どもたちを外に連れ出し、雪の中の源流がどうなっているかを見せたかった。町の小学校2、3校に加えて新潟県の小学校からも希望があり、探検は学校ごとの冬の恒例行事になった。

まず小川温泉元湯にバスで集合する。子どもたちはそこから、カンジキやスキーで源流付近まで登った。雪山を歩くだけで、探検気分に大はしゃぎする子がいる。ウサギやキツネの足跡があちこちで見つかる。源流にたどり着くと、清流をただ見学するだけではない。

「流れに手をひたしてみて。30秒がまんできるかな」

「冷たい！」

「頑張ってがまんしてみて」

森の中の透明な流れは水温2、3度。よく見れば、カワラゲやカジカの魚影がある。命が泳いでいることに、みんなびっくりした。積もった雪を調べ、拡大鏡で表面と下で結晶の形が違うこと、温度計を雪に突き刺して温度や密度に差があることも計測した。

「さあ、次は春を探してください」

森の中ではネコヤナギが芽を吹いていた。

「ここはたくさんの木が茂っているから、雪崩になりにくい。雪が解けても斜面が崩れることなく、水は地面にしみ込んでいく。それが森の力なんだ」

山から下りて温泉広場に再集合すると、冷たい雪と温泉の温度差を利用した発電実験。掌《てのひら》の上でモーターのプロペラが回ると、これにもみんな驚く。次はバスで小川ダムへ移動し、ダム湖へ雪玉を思い切り投げてもらう。

「今みんなが投げた雪は解けて水になり、何日か後にみんなの家の前の用水を流れていくかもしれないよ」

ダムの下流で取水した水は、各地域に張り巡らされた用水路を流れているのだ。そして用水は農業のためだけでなく、除雪時の雪捨て場など年間を通じて多様な機能を果たしていることを知ってもらった。

再びバスで河口近くに移動し、内水面漁協のサケマス孵化《ふか》場を見学。職員から説明を聴き、サケを放流した。水がきれいなら、放流した稚魚は成長して小川に戻ってくる。雪は水になり、水は魚を育て、魚は人の食べ物になる。さまざまな自然界のつながりを学び、冬の探検は、海にたどり着いて終わりだった。

わたしは毎回、前日までに小川源流への雪の状態やルート確認を行い、さまざまな準備の大変さはいつものことだったが、子どもたちのわくわくした笑顔を想像すると苦にならなかった。

バタバタ茶

子どもから大人まで、実にさまざまな人が夢創塾を訪れるようになった。地域活性化に取り組む団体や、遠方からの議会の視察。あるときは東京の中学校から「夢創塾をテレビで見て感動した。ついては当校の新人先生を、夏休み中に4日ほど研修させてもらえないか」と電話がかかってきた。来訪者を迎えるとき、わたしのおもてなしの基本は、夢創小屋で飲んで語らうバタバタ茶だった。

特別支援学校の先生と一緒に、目の見えない生徒3人が、バタバタ茶を体験しにきたことがあった。聞けば、「とやま音百選」という企画で茶せんをぶつけ合うバタバタ茶の音を聴き、ぜひ飲みたくなったという。

3人は茶碗《わん》、茶せんに触れ、茶葉の香りを吸い込んだ。そして、見事にバタバタ音を出してお茶をたて、味わって飲んだ。

「やっぱり、自分でたてたお茶はおいしかったです」

「うん、うまかった!」

3人は本当にうれしそうだった。目は見えなくても、音と香りで味わい、田舎の空気を肌でとらえて満喫する様子が伝わってきた。わたしは里山の暮らし、和紙や炭について話した。

あっという間に2時間が過ぎていた。生徒たちはていねいにお礼を述べ、わたしに尋ねた。

「次はお父さん、お母さんと、またお茶を飲みにきていいですか」

「もちろん。大歓迎します」

いつの間にか、何か熱いものが胸を充《み》たしていた。さらに頑張り続けることができる、わたしの元気の源だった。

理想郷を目指す

来訪者にいつも元気をもらい、休む間もなく活動を続けるうちに、広場の炭窯は四つに増えた。最初に独学の試行錯誤で造った花炭窯。蛭谷のお年寄りたちが集まって、あっという間に仕上げた白炭窯。三つ目の窯は白炭を焼くだけでなく、余熱を利用して料理ができるように工夫して、料理窯と名付けた。さらに自分の炭窯造りの集大成として造った、直径3メートルの大型の窯が環境窯だった。

料理窯は大活躍した。白炭を出した直後の窯は、内部が350度前後の高温でなかなか冷めない。これを利用したいと前々から考えていた。練り上げたパンやピザ、ケーキのスポンジなどを入れて焼くと最適だった。焼き芋もおいしくなるし、酒のかんもできる。窯の天井は玉砂利で覆い、放熱しにくい構造にした。

わたしは一般的な体験プログラムに、できるだけ里山の食を組み込んだ。初めての来訪者をバタバタ茶会でもてなし、郷土食のみそかんぱを自分で作ってもらい、山菜、キノコなど地元の味を楽しんでもらった。タケに穴を開けて米と水を入れて炊く竹筒ご飯は、蛭谷のお年寄りが「先生」になって面目躍如だった。

料理窯ができると、ピザのような少々おしゃれなメニューがそこに加わることになった。女性や子どもたちに大好評で、炭焼きという伝統産業の「プラスα」である。

さらに朝日町のヒスイ海岸の海水を煮詰めて、塩を作り始めた。今は主に薪や炭を使うが、これも最初は炭窯の煙突の排熱利用から始まった。

「なぜ里山で製塩を」と、不思議に思われるだろうか。自然の水の循環の中で、山と海は密接につながっている。「森は海の恋人」と言われ、漁業者が豊かな海を守るために森林整備に取り組む運動があるほどだ。森に降った雨や雪は川から海へ注ぐだけでなく、土にしみてミネラル豊富な地下水脈となり、富山湾では海底からも湧水になって噴き出している。夢創塾の塩作りは、その自然のサイクルに触れてもらうためだった。

四つ目の環境窯は、河川の流木や間伐材など廃材や用途のない木材を炭にした。資源再生を目的とし、炭は砕いて土壌改良剤や家屋の脱湿、脱臭剤を作った。

手作りの1棟の小屋から始まった夢創塾は、10年余りを経て谷間に現れた集落のようになった。合掌小屋など大小の小屋群と四つの炭窯が点在し、ヤギが散歩していた。背後の谷川から落ちた水が広場の中央を流れ、取水した池にアイガモがいてイワナが泳いでいる。森は大地山への登山口で、ツリーハウスや様々《さまざま》な遊具があった。自然体験にきた子どもたちや、協力してくれる人たちと一緒に作り上げた、まるで里山のテーマパークだった。

さらにわたしは、新たなシンボルを加えたくなった。平成19（２００７）年に取り組んだのが、谷川の流れを引き込んで回す、水車と水車小屋だ。里山に大きな水車がゆっくり回る、牧歌的な光景を想像してわくわくした。そして水車には、自然の力をエネルギーに変える先人の知恵が詰まっている。

水車の構造から勉強を始めた。計画では、大型は直径3メートル、小型は直径2メートルの2基。大型水車は作業小屋を併設し、動力を生かして臼と杵の仕組みを作る。炭を潰して土壌改良剤にしたり、米をついたりもできる。小型水車は側面に磁石を付け、土台にコイルを仕込んで発電するつもりだった。

製作に友人の協力を得て、完成まで2年を要した。水車本体はもっと早く、まず小型、次に大型がいったんは回り始めた。本体を組み上げて木肌に防水防腐剤を塗り、谷川から水を引いて水車が回り始めたときは心の中で「万歳」を叫んだ。

ギイーと音をたてて回る水車は、アイガモ池ともマッチしていた。たまたま二十数人の教育関係者が施設見学にやってきて、2基の水車が回る光景にびっくり。「この出来栄えは素人ではありませんよ」と感嘆してくれた。小型水車の発電もうまくいき、LED電球をつなげば夜の夢創塾をイルミネーションで飾ることもできそうだった。

ところが新たな苦労は、大型水車を回した翌日から始まった。大型水車をよく見ると、回ってはいるが、軸が小屋側へ5センチほど移動していた。たった1晩でなぜズレたのか。水の当て方のせいなのか、軸と水車の固定に問題があるのか、軸受けが完全に水平ではないのか、それらが複合してズレたのか。水を止めて原因を探るしかなかった。

不具合が生じると修正し、必要な部材を調達し、さらに水車小屋作りもあって完成は翌年に持ち越さざるを得なかった。

やや時間が前後するが、このころ訪れた人たちの目に夢創塾はどう映っていたのだろうか。入善町の小学校5年生の女の子の作文が、ある日の新聞に掲載されていた。わたしは大切に切り抜いて、大学ノートに貼り付けた。

長崎喜一さんは朝日町で11年前に夢創塾という所を始めた。自然の中で遊んで森の大切さを学んでほしいという思いからだ。ここには、子どもたちが遊べるようにアスレチックやターザンロープがあり、ヤギやカモがいる。ヤギは野生だ。

一年間に二千人の人がくる。朝日町の学校の人や修学旅行でくる人もいる。子どもたちは遊具で遊んだり、木の上にあるツリーハウスを完成させるため木をはこんだりして、ツリーハウスはだんだんできあがっている。十一月に完成予定だ。

きた子どもたちがみんなで協力して三年間かけて小屋を作ったそうだ。自分でボウリングを作って遊んだりもする。

夢創塾では、おばあちゃんたちがバタバタ茶を作っている。おじいちゃんたちは炭を焼いている。

ここにくる人たちは、土間で火をおこしてパンやピザを焼き、かまにお米と水を入れて自分でご飯を作る。ほかにも焼きイモや焼きジャガができるそうだ。

長崎さんは、木やいろいろな物を再利用して小屋を作ったり遊具を作ったりする。「むだなものは何もないことを知ってほしい」と話している。

（北日本新聞、２００５年９月１日）

手から昇る湯気

２０００年代に入って社会の少子高齢化が急速に進み、地方はいよいよ人口減少に悩まされ始めた。これを強く実感する一つは、小学校の統廃合である。自分の通った校舎が消えていく。

夢創塾がにぎわう一方で、平成17（2005）年に卒業証書用紙を漉いていた南保小学校が閉校になり、あさひ野小学校に統合された。同じく平成24（2012）年には五箇庄小学校が、さみさと小学校に統合された。

和紙作りは統合先の学校に引き継がれた。あさひ野小学校では卒業証書に代わって、自分で漉いた和紙に好きな言葉を墨書し、軸装して卒業記念掛け軸を作ることになった。

冬が間近に迫る平成19（2007）年11月下旬、あさひ野小学校の6年生が午前の部と午後の部に分かれてやってきた。

わたしはやや風邪気味だったが、この日に備えて、前の週からコウゾを切り、叩き、ミキサーにかけて準備を整えた。小学校にも道具を運び込んで、一部を自分たちでパルプ化してもらってあった。

前日にはトロロアオイを貯蔵庫から出して杵で叩き潰した。各自が2枚を漉くので、合計90枚分を用意しなければならない。合掌小屋にある簀桁などの道具類を点検。漉き舟を丹念に掃除して、谷川の水を100リットルほど投入したが、この水運びが一苦労だった。

朝。子どもたちがやってきた。すると少々の体調不良は吹き飛んでしまう。彼らからパワーをもらってわたしも元気が出た。子どもたちは一人ずつ、腕まくりをして水に簀桁を潜《くぐ》らせ、まんべんなく均等な紙になるよう漉き続けた。

春から育ててきたコウゾが、いよいよ紙になるのだから真剣だ。わたしはときに手を添えて、こつをアドバイスしていた。そしてふと気づいた。

女の子も男の子も、紙を漉くうちに手から湯気が立ち昇り始めるのだ。

漉き舟の水は冷たい。子どもたちの手を濡らした水が、体温で蒸気になっていた。毎年見てきたはずだが、わたしはそのときまで気にしたこともなかった。紙漉きの手元から白い湯気がゆらめく光景は、みずみずしい命の象徴のように思えた。

蛭谷に伝わる「紙漉き唄」がある。紙漉きは女性たちの仕事だった。雪に閉ざされた寒い時期に行う辛《つら》さと苦労を歌ったものだ。

嫁にァ　いやいや
蛭谷にゃ　いやよ
ひるは紙漉き
夜ゃ　紙叩き

昔、薄暗い家の土間で紙を漉いたわたしの母の手からも、湯気は漂ったのだろうか。和紙作りがほとんど途絶えた蛭谷で、いま子どもたちの手から湯気が立ち昇っていた。

同じ月、わたしは寝台列車で上京し、東京国際フォーラムで開かれた地方自治法施行60周年記念式典の会場最前列に着座していた。夢創塾の活動が評価され、総務大臣表彰を受けたのだ。

天皇皇后両陛下が臨席され、内閣総理大臣、衆参議長の祝辞を聞いた。富山県内からは5団体、わたしを含めた個人4人が表彰された。

それまでもいくつかの賞を頂いてきたが、国から表彰されるのは初めてだった。棚田跡の小屋作りから始まり、塾生や地域の人たちに助けられ、子どもたちに引っ張られて、どうやらここまでこれたのだった。富山に戻ると帰宅前に墓に参り、手を合わせて父と母に報告した。

妻の絹恵は、気づけば夢創塾に欠かせないスタッフになっていた。「森の幼稚園」は、絹恵が考案した幼児用プログラムだった。それまで夢創塾には、幼稚園児や保育園児を対象にした体験メニューがなかったのだ。

わたしたちが見合いで結婚したのは昭和43（1968）年11月11日。絹恵は農家に生まれ、魚津市で保育士をしていた。農林業はしなくていいとの約束で山奥の蛭谷に嫁ぎ、2男1女をもうけた。

わたしが夢創小屋を建てていたころは出番が少なく、関心もあまりないようだったが、地元の小学生が体験学習に来るようになると一気に存在感が増してきた。バタバタ茶会、だんご作り、料理窯を使ってのピザやパン作りを担うようになった。

森の幼稚園は、長年の保育士としての経験を生かそうと始まった。さっそく滑川市と高岡市の幼稚園から申し込みがあった。谷川でオタマジャクシや沢ガニを探して水遊びし、秋は森を散歩してドングリやクルミを集める。園児たちは広場でブランコやシーソーに歓声を上げ、花を摘み、ヤギやアイガモとふれ合った。季節と天候によっては、露天風呂に入ったり、焚《た》き火体験も組み込んだ。翌年は魚津市や地元の保育園からも申し込みが相次ぎ、たちまち夢創塾の定番プログラムになった。

E111を稲架《はさ》掛けするアフリカの農業研修生たち

第4章 地域を、世界を

ふるさとを元気に

県を退職した直後、二足のわらじながらも夢創塾に全力を注ごうと考えていたわたしに、思わぬところから声がかかった。

「お前しかおらんぞ」

朝日町南保公民館の館長から、直々に後継指名されたのだ。南保は里山から平地に至るまで、南北7キロに八つの地区がある。公民館には職員が常駐し、各地区をまとめ上げる地域活動の拠点になっていた。

「県職員として勤め上げ、自然体験学校とかいう面白いこともやっている。退職したのなら、地元のためにもうひと働きしてもらおう」という感じだったのだろう。各地区の区長にはすでに根回しが済んでいて、引き受けるしかない雰囲気だった。

こうしてわたしは平成13（2001）年から6年間、南保公民館長を務めた。途中からは南保地区振興会長、蛭谷《びるだん》の町内会長も兼務した。わたしは地域の衰退をひしひしと実感していた。公民館活動は衰退に立ち向かう、最前線の現場だ。

「館長を引き受けたからには、従来と同じ活動を続けても発展はない、何か新しいことを始めなければ」と考えたわたしは、まず親子の南保富士登山、そして「もの知り地図」の作成に取り組んだ。

南保富士は標高700メートル余り。南保小学校の校歌にも歌われているほど、地元ではなじみ深い山だ。「実際に登って、ふるさとを見渡そう」と呼びかけると、毎回親子数十人が参加してくれた。

山登りならお手の物である。わたしは参加者を引き連れて頂上に立つと、水の循環について話した。向こうに見える朝日岳やほかの山々の雪が解けて、黒部川や小川に流れ込み、飲み水になり、古里の用水を流れて重要な役割を果たし、最後は海に注ぐ。そして蒸発し、雲が生まれ、雪や雨になって再び地上に戻る。話す眼下に、故郷の景色が広がっていた。

「もの知り地図」は地区ごとに自慢できる場所を探し、10カ所挙げて解説を付けてもらう新企画だった。古い神社やお寺、大木、歴史的価値のある所、景色が素晴らしいポイントなど何でもいい。地図を作って地区ごとに発表し、さらに地図をパネルにして公民館に掲示すれば、南保の魅力を集大成した全体図ができあがる。

アイディアを提案すると、各区長も「面白そうだから、やってみんまいか」となった。子どもからお年寄りまで参加して「もの知り地図」作りが始まった。同じ南保に暮らしていても、隣の地区のことは案外知らない。地元の良さを再認識し、新しく発見する取り組みだった。

取りまとめ段階だった平成15(2003)年秋、北日本新聞社がふるさと活性化事業として行なったタウンミーティングが南保地区で開催された。北陸農政局や県の関係者を迎え、多くの住民が集まった会場で、地区代表の子どもたちや大人が調査の成果を発表した。

その場で「名所を回るウオークイベントをやってはどうか」「農産物や特産物を見直そう」「里山を生かした体験型観光で都会から人を呼べないか」など、さまざまな意見が出た。翌年、「もの知り地図」は完成してパネルになった。さらにタウンミーティングの意見を基に、南保の魅力を巡るウオーキングイベントを開いた。

「おばあちゃんたちに、元気になってもらいたい」と、公民館主事の小林澄江さんや元県職員の宇田秋子さんらが提案し、実現したのは野菜の直売所開設だった。スーパー農道沿いの町文化体育センターの一角に、小屋を建てて「南保新鮮農産物市場」と名付けた。小屋はわたしが中心になって手作りで建てた。

おばあちゃんたちは丹精込めて野菜をつくり、たくさんとれれば隣近所にあげていた。それを一つ100円で売れれば、10個で1000円だ。小遣い程度であっても励みになり、おばあちゃんたちの生きがいになる。

開店は5月の連休から12月までの、毎週水曜日とした。シーズン開幕に合わせて、チラシを配ってPRした。わたしも品数に幅を持たせようと、しばしば山菜を持ち込んだ。新鮮な「朝どれ」が売りなので、朝から山に入り、開店前の直売所に届けた。

直売所は町の外から買いに来る常連もできて人気を呼んだが、残念ながら数年で休止せざるを得なかった。イノシシやサルが畑を荒らす獣害が深刻になり、おばあちゃんたちも高齢化が進んだせいだった。

さらにバスをチャーターした「県内視察」を始めた。これは女性だけを対象にしたわけではないが、参加者はおばあちゃん世代が多かった。わたしは現役時代の経験で、県内のどこに行けば何があるか分かるし、あちこちに知人もいた。

「女性が働く場」など毎回異なるテーマを設定し、五箇山で豆腐作りの現場を見学したり、井波の彫刻の通りを歩いたり。小矢部市の稲葉山牧場に行き、メルヘン建築を見て回ったこともあった。メルヘン建築は田んぼの中に突然、童話の中から出てきたような小学校が現れる。子どもたちが通う、本物の学校である。おばあちゃんたちは目を丸くした。

「へー、世間が広がったわ」

訪れた先では必ず、地元の食べ物を楽しめるように行程を組む。生活に刺激をもたらす日帰りの「視察」だ。

夢創塾が自然体験学校なら、公民館活動は住民が心を一つにする地域元気学校だった。元気プログラムをさまざまに考え、実践するのが、公民館長のわたしの役割だと思った。

夢を植えよう

南保の山あいに越《こし》という地区があって、ここを県道が通っている。車で走るといつも、道から少し上った所に耕作放棄された棚田跡が目に入った。草が生い茂り、雑木さえ育ち始めていた。かつての里山風景を知る人には、心の痛む光景だった。

棚田は美しい景観だけでなく、雨水を貯め、地滑りを防ぐ多面的な機能を持っている。ところが過疎と高齢化に、米の消費低迷などが重なり、作業効率の悪い棚田は真っ先に見捨てられていった。耕作放棄地が増え、人の数が減ると、次に動物たちが出てくる。１９９０年代の終わりごろから、高齢者が担う田畑で獣害が急速に深刻化していた。

住民が力を合わせて、棚田を再生できないのか。大人も子どもも一緒になって、楽しく汗を流し、美しい里山の風景をよみがえらせたい。その第一歩を、越地区の耕作放棄地にした。県道から見える棚田跡は、近所のお寺の所有地だった。住職に話すと、自由にしていいと言う。ただ公民館活動として棚田の復活に取り組むのは無理があり、できることも限られてくる。新しい事業を始めるには予算も必要だ。労務費は参加住民のボランティアで賄うにしても、資材費その他でお金は出て行く。

そこで立ち上げたのが「わくわく南保活性化協議会」だった。公民館長のわたしが代表になり、構成員は区長や各団体の代表者ら。活性化協議会の活動の一つとして、棚田保全を掲げた。わたしは活動の趣旨に合った県の助成制度を探し、活性化協議会に交付してもらった。県職員として農林土木畑を歩いてきたから、その点に関しては知識も人脈もあったのだ。

活性化協議会が取り組む「南保棚田保全活動」は、対象を越など4地区の水田や畑１０８

ヘクタールとし、目的は耕作放棄地の実態調査と復元作業を通して、地域の活性化を図ることだった。1年目はただただ、草刈りと雑木の伐採だった。活動に賛同する農家が耕運機を入れ、土づくりに明け暮れた。

2年目の春に、作物を植え付た。「棚田を復活させよう」「地域を元気に」では、面白味がない。わたしは具体的な先が見える呼びかけをした。

ソバを植えて、そば祭りをやろう。
サツマイモを植えて、焼き芋にしよう。
キビを植えて、きび団子を食べよう。
トロロアオイを植えて、金もうけをしよう。

作物の植え付けは「棚田で遊ぼう。夢植えまつり」と銘打ち、小雨の中だったが南保小学校、さみさと小学校の子どもたちと父母、地元婦人会、老人会のメンバーなど80人が参加した。手分けしてうねをつくり、肥料を入れ、キビやサツマイモを定植した。夏にはさらにソバを植え、雑草とりなどの管理にも精を出した。

11月、南保小学校の体育館に住民が集まって収穫祭を開いた。婦人会の女性たちがバタバタ茶でもてなし、キビもちをついて食べ、大人も子どももそば打ちを体験。にぎやかな声があちこちで上がった。

残念なことに、子どもたちが一番楽しみにしていた焼き芋は、サツマイモがサルの被害に遭って収穫できなかった。サツマイモは特に狙われやすい。そこだけ網を張り巡らせてあったのだが、サルは軽々と侵入して食い散らかした。そうした現実も含めて、子どもたちにはいい経験になったと思う。

翌年は、さらにサルとの戦いが激しくなった。人の監視の目が行き届かない畑は格好の餌場になり、サルが集団でやってくる。この年もサツマイモが大きな被害を被り、さらにキビが全滅した。保護網の支柱を強化するなど、サルと闘いながら棚田の保全活動を続けたが、ついに休止せざるを得なくなる。

南保小学校が統合で閉校になったのだ。地域活動にとって小学校は、児童と親を含めた重要な核になっている。その核がなくなった。閉校に当たってはＰＴＡの強硬な反対があり、わたしはそのころ南保地区振興会長も務めていたため、住民の意見の取りまとめに苦労した。

この4年前には、南保小学校蛭谷分校が１２３年の歴史に幕を閉じていた。このときは閉校記念事業の実行委員長を任された。期せずして、わたしは母校が相次いで消えていく当事者としてかかわったのである。農作物の獣害も学校の統廃合も、過疎と少子高齢化の象徴だった。棚田の保全活動は残務整理を残して幕を閉じた。

猿投台中学

1990年代半ばから「グリーンツーリズム」という言葉が、よく使われるようになった。元々はヨーロッパで普及した、都市から田舎に行く滞在型の余暇活動のことだった。これを日本に取り入れ、都市と農山村の人の交流を図り、特に中山間地の活性化につなげようと、農林水産省が積極的に取り組んでいた。

平成16(2004)年6月6日、夢創塾に北陸農政局次長や県山岳連盟の木戸繁良《しげよし》会長を招き、塾生、賛同者や子どもたち80人が集まった。最初の夢創小屋の着工から10周年を記念して「ふるさとの技を楽しむ集い」が開かれていた。

みんなでバタバタ茶を飲み、餅をつき、みそかんぱや山菜料理を作って食べた。紙漉《す》きや炭焼きも体験して楽しんだ。一番人気は山菜の天ぷらで、これにはだれもが笑顔で「うまい」を連発した。

その場で発表したのが「郷《ごう》インあさひグリーンツーリズム」の発足だった。野に山に海に、人を呼ぼう。朝日町には北アルプスからヒスイ海岸まで、豊かな自然があるではないか――。わたしたちの運動を普及させようと、町議会の議員に会長になってもらい、野、山、海と観光にかかわるメンバー15人で構成した。

設立を準備したのはわたしと農業法人・クリーンみず穂を経営する柳沢伸一さん、そして観光ボランティアの水野瑠美子さんだった。仕掛け人は、わたしの高校の同級生でもある水野さんだ。彼女はわたしや柳沢さんを巻き込み、都市住民を呼び込む仕掛けを作ろうとした。エネルギッシュな女性で、現在も町の魅力を発信する観光ガイドとして活躍している。

夢創塾には県外からも自然体験や研修、炭焼きの見学にやってくる多くの人たちがいた。ときには都市部の高校や中学から、野外学習先として夢創塾へ行きたいという要望もきたが、生徒数が多すぎると対応が難しいこともあった。

そこに郷インあさひが立ち上がり、100人を超える生徒数でも受け入れが可能になった。第一弾はこの年の10月、神奈川県伊勢原市からやってきた向上高校の1年生70人だった。2泊3日で高山市や白川村を回り、最終日に田舎体験をしようと夢創塾を訪れた。

愛知県豊田市にある猿投台《さなげだい》中学校の天野政智という先生から、ファクスが送られてきたのは、翌年6月の終わりごろだった。

「秋の修学旅行で農山村体験をしたいので、ぜひ支援していただけないでしょうか」

学校も先生も、初めて見る名前だった。連絡してみると、「姉に強く夢創塾を勧められたのです」という。以前、農業誌「家の光」の取材を受けたことがあって、その折に熱心に話を聴いて記事にしてくれた女性記者が、天野先生のお姉さんだったのだ。人と人がつながっていく縁に、わたしはびっくりした。

夏休みが終わって間もない9月中旬、猿投台中学の2年生3クラス、120人が朝日町にやってくることが決まった。生徒たちは3班に分かれて夢創塾で「山の活動」、クリーンみず穂では「野の活動」、宮崎海岸で「海の活動」を体験をする計画だった。体験期間は2泊3日なので、3カ所すべては回れないが、里山→農村、農村→海、海→里山の循環で各自が2カ所を体験する。

郷インあさひのメンバー間で打ち合わせを繰り返し、夢創塾も受け入れ準備におおわらわとなった。里山の暮らしを存分に楽しんでもらうプログラムをどうするか。炭焼きや紙漉き、森林散策に林間アスレチック。昼食は自分たちで作ってもらうが、食べ盛りの中学生だ。料理窯を使った熱々のピザや、新米のみそかんぱの材料を大量に用意した。

当日のスタッフは塾生や蛭谷の女性たち、フリーの支援隊員ら十数人がボランティアで集まってくれることになった。一番の気がかりは、天気が「曇り後雨」の予報だったことだ。

その日、朝から中学生40人がやってきた。さっそく放し飼いのヤギとアイガモに驚き、ツリークライミングやターザンロープに歓声が上がって森にこだました。心配していた天気は、小雨が落ちる程度でほっとした。紙漉きに真剣になり、炭で顔を真っ黒にする生徒もいた。

後日送られてきたお礼文には、新鮮だった里山体験についてさまざまな感想が綴《つづ》られていた。中に、蜂について書いた生徒がいた。蜂の巣を見つけて観察していると、卵から蜂が誕生し、やがて飛び立ったという。その瞬間を見て「立志」を夢創塾で学んだと記してある。わたしが想像もしていないところで、生徒たちは自然を見て感動に出会っていた。それはわたしにとっても、新鮮な驚きだった。

一方でクリーンみず穂の「野の活動」班は、カマを使った稲刈りに始まり、コンバインの乗車、農業用ヘリコプターの操縦、ます寿司《ずし》作りなどを体験。「海の活動」班は魚釣りや魚網修理を体験し、刺身作りに挑戦、さらに海岸でヒスイを探した。各班とも予定時間を大幅にオーバーする熱の入りようだったという。

猿投台中学との交流は、修学旅行が終わっても、終わりではなかった。生徒全員から届いたお礼の感想文に、郷インあさひの仲間や、郷土食で支援してくれた地域の女性たちなど関係者全員が元気をもらった。朝日町は田舎だ。だが、もてなす心があれば、田舎であることが資源になると学んだのだ。

当日の様子は、新聞社やテレビ局が取材に来ていた。特に地元のケーブルテレビ局は、10分の番組にして放送した。この番組をＤＶＤに録画して届け、またわたしたちの感謝の気持ちをぜひ伝えたいと思った。冬に愛知県に行く用事があり、わたしと妻はその折に猿投台中学を訪問した。

すると2年生全員による歓迎会が準備されていて驚いた。講堂で踊りや合唱、豊田市を紹介する出し物があり、廊下には修学旅行のスナップ写真がずらりと貼られている。わたしはすっかり感激してしまい、言葉に詰まりながらも、仲間から感謝の気持ちを託されたことを生徒たちに伝えた。

こうしてこの年は終わった。わたしたちのもとへ、120通の年賀状が届いたのは翌年の元旦である。返礼の年賀状書きに、おおわらわの正月になった。

猿投台中学はそれから10年間、修学旅行で朝日町にやってきた。体験内容は年々多彩になって充実し、郷インあさひのメンバーによる猿投台中学訪問もしばしば行われた。またこの間、愛知県の別の中学校も受け入れた。

やがて朝日町の観光協会内に、あさひふるさと体験推進協議会が発足し、体験型教育旅行を受け入れる窓口ができた。推進協議会は夢創塾やクリーンみず穂をはじめ農協、漁協などが会員になって構成した。これに伴い、郷インあさひは役割を推進協議会に託して解散した。

グリーンツーリズムとやま

朝日町で有志が郷インあさひを発足させたころ、富山県内ではグリーンツーリズムに関するさまざまな動きが現れ始めていた。郷インあさひの発足前年には、県議会でグリーンツーリズムを推進する条例が議員提案されて可決、制定されていた。これを受けて県が動き、平成16（2004）年3月に「NPO法人　グリーンツーリズムとやま」が設立された。

グリーンツーリズムとやまには、地域振興や観光に興味を持って活動してきた人たちが集まり、設立時の理事長は福光美術館長の奥野達夫さん、わたしは副理事長として加わった。3年目からは、18年間にわたってわたしが理事長を務めることになる。

簡潔にまとめるなら、グリーンツーリズム推進の施策を県が予算化し、委託を受けて実行するのがNPO法人のグリーンツーリズムとやまの役割である。要は実行部隊。もっとも、県とペアを組んだ団体でも、当初は民間の事務所の一角を借りた小さな所帯。県外から視察の要望があれば現地案内に徹し、とても事務所に招けるような状態ではなかった。

設立の翌年度から始まったのが「とやま帰農塾」だった。

当時は日本の高度経済成長期を支えた団塊の世代が、間もなく還暦を迎える時期で、定年後のパワーをどう生かすかが社会の大きな関心事だった。そのパワーを地方に呼び込み、担い手不足が深刻な森林保全や農山村振興に生かそうとしたのだ。「スローライフ」という言葉が流行語になり、脱都会が静かなブームになって追い風も吹いているように思えた。

施策としてのグリーンツーリズムが目指すのは、都会と田舎の単なる交流ではない。宿泊など交流によって生まれる経済効果であり、交流をきっかけに都会から地方への移住者が現れることだ。

帰農塾は都会に住む人を対象にして1泊2日、もしくは2泊3日の田舎体験を提供する。募集対象は「地方への移住、定住に興味のある人」もしくは「田舎暮らし、農林漁業体験をしてみたい人」とし、参加費は2泊でも2万円程度に抑え、パンフレットやウェブなどで募った。

一方で、都会から来る人たちの受け入れ先になる市町村に、特色を生かした田舎体験のメニューを準備してもらわなければならない。苦労はそこだった。最初の5年間は、ひたすら市町村への啓蒙《けいもう》に明け暮れた。

「グリーンツーリズムとは何か」「どんな地域振興が見込めるのか」

こちらの担当者が行政機関に説明に出向いても反応が薄い。今でこそ、あちこちの市や町が短期の移住体験や農業体験などのプログラムを整え、移住支援金を制度化して都市部から人を呼び込み、定住者を獲得しようと競っている。だが当時は、ごく一部にしか興味を示してもらえなかったのだ。ときには「県からの押し付け」と、迷惑顔をされる始末だった。

何とか黒部塾、氷見塾、南砺・五箇山塾のほか、朝日町の夢創塾も受け入れ先となって、当初の数年を乗り切った。

市町村の理解が進まない現状を、少しでも打破したいと誘致し、開催したのが平成20（2008）年の第7回全国グリーン・ツーリズムネットワーク富山大会だった。

県とグリーンツーリズムとやまなどで大会実行委員会を作り、10月1日と2日に開催。全国からグリーンツーリズム実践者や大学生などが集まり、初日は県内5市町、7カ所で地域分科会としてワークショップや地元との交流会を行った。分散開催にしたのも、各市や町が理解を深めるきっかけにしてもらおうという狙いだった。

分科会の会場は氷見市、南砺市、富山市、魚津市、朝日町。参加者は獅子舞や漁業、散居村風景を見学し、そば打ち、郷土料理などを体験、夜はそれぞれの地に宿泊してディスカッションした。

朝日町のメイン会場は夢創塾で、わたしは1カ月前からすべての行事をキャンセルして、大会と分科会受け入れの準備に奔走した。訪れた分科会メンバーは、まず夢創塾の施設全部が手作りであることに驚いた。「資金は?」「運営費は?」「組織体制は?」と、矢継ぎ早に質問攻めにあった。わたしは、ときに蛭谷の方言丸出しで答えた。

「もともとは自分の退職後の生きがいづくりに小屋を建てた。自分で間伐材切って、手作りで、お金をかけず。そこの三角の小屋（合掌小屋）も、子どもたちと一緒に作った。3年もかけて。ほで、子どもたちはあれ、ぼくが建てた小屋と思っとる。そういう親しみがあるから、みんなまた遊びにくる」

「基本的に非営利でやっていて、行政の支援はいっさいなし。だから自由にやれるし、あのー、みなさんが来ても好きなことやれる。運営費は花炭や山菜を売ったり、自分の講演料などでまかなってますちゃ」

「スタッフはかつての山仲間など十数人がボランティアで協力してくれます。修学旅行のときなんかは、地域のおばあちゃんたちが食事を作ってくれますし」

2日目は富山市のとやま自遊館で全体会。ここで分科会に参加した大学生たちが、課題や提言を報告した。見事な内容で、彼らはほとんど徹夜で準備をしたらしい。わたしも加わったパネルディスカッションがあり、最後の懇親会も盛り上がって大会は終わった。

帰路、肩の荷が下りたわたしは疲れが出て電車の中で寝てしまい、危うく新潟県まで行くところだった。

東京から学生さんがきた

帰農塾は、ターゲットにした都会の団塊の世代に好評だった。女性の参加が多く、リピーターも生まれた。「田舎生活をしてみたい」「あこがれる」という人が増え、帰農塾はそうしたニーズに応えたのだ。観光旅行では得られない汗とふれあいがあり、しかも圧倒的に費用が安い。

しかし、年を経るにつれてわたしたちは考え込まざるを得なかった。この事業に投資しても、なかなか定住に結び付かない。参加する人の方は、手軽な体験レジャーという意識が高かった。分かってきたのは、地方に移住するのは団塊の世代より、むしろ若い世代が多いことだった。

わたしたちは帰農塾のターゲットを再考した。幅広い世代に呼びかけ、試行錯誤を繰り返しながら継続することで成果が現れ始めた。帰農塾によって、富山県内にはこれまでに首都圏などから50人近い定住者が生まれた。わたしの地元の朝日町にも2組の夫婦が移住した。1組は東京からで、夫は林業に従事。もう1組は静岡県からの夫婦で、はちみつ農家を営んでいる。

帰農塾に加えて、首都圏の大学生に狙いを絞って始めたのが「とやま農山漁村インターンシップ事業」だった。

夏休み中の1週間、課題を持って田舎生活を体験、調査してもらい、若者目線で地域の再生方法を提案してもらう内容だ。滞在費から行き帰りの交通費まで、費用は全額グリーンツーリズムとやまが負担する。

実施に当たって、彼らの滞在先をどこにお願いするかだった。1週間にわたって大学生たちの世話を引き受けてくれるところが、簡単には見つかりそうにない。手っ取り早いのは、理事長のわたしが世話人になって蛭谷で受け入れ、実績を作ることだった。それならお願いした市や町と連絡、調整する手間も省ける。

首都圏の大学生向けにチラシが作られた。

＜とやま農山漁村インターンシップ　ＩＮ　びるだん　参加者募集中！＞

最初は不安が大きかった。遊び場には事欠かない都会の若者たちである。アルバイトに忙しい学生もいるだろう。

「富山の田舎生活に興味を持ってくれ[illegible]たろうか」

「1人か、せ[illegible]人応募があれば…」

内[illegible]ではそんな話をしていた。ところが、締め切り日までに予想を遥《はる》かに上回る23人の応募がきた。わたしたちは大いに慌て、8月の上旬と下旬の2回に分けてインターンシップを実施することになった。

蛭谷集落の真ん中を通る道にバスが止まり、第一陣の学生13人が降りてきた。早稲田、明治、法政、東洋など大学はさまざまで、半数は女子学生。みんなガラガラと音を立て、大きなスーツケースを引いて移動し始めた。ふだんはひっそりした集落だ。びっくりしたのは、じいちゃんやばあちゃんたちである。いったい何が始まったのか。

「こんにちはー」

住民を見て学生たちは屈託なくあいさつするが、ばあちゃんたちの方は口を開けたまま、しばし返事することも忘れている。

学生たちは蛭谷の自治会館に集まり、開講式が開かれた。インターンシップの課題は「蛭谷の現状を踏まえ、今後の地域のあり方を考え、今何をすべきか提言すること」とした。

学生たちは「地方創生について自分なりに考えたい」「高齢化と過疎が進む現状とまちづくりを学びたい」と語り、みんな意欲満々だった。

さっそくジャガイモを掘って蒸《ふ》かし芋にし、腹ごしらえをしてから集落内を歩いた。現状視察である。当時の蛭谷は人口減少が進んで住民は130人ほど、20歳以下はわずか7人だった。空き家があちこちに目立ち、にぎやかだった祭りの獅子舞も十数年前に途絶えていた。わたしの案内で学生たちが通りかかると、畑にいたおばあちゃんから「もってかれ」と、スイカやトマトをいただいた。わたしとしても大助かりだった。学生たちの食事は原則自炊で、食材は地元で用意することになっていたからだ。この後は日を追うごとに、住民から夏野菜やスイカ、ブルーベリーなどが続々と届き始めた。

男子学生の宿泊先は自治会館、女子学生はわたしの自宅。我が家は子どもたちが独立して家を出ていたので空き部屋があり、妻にいろいろ気を遣ってもらった。

翌日はバタバタ茶伝承館で開かれた恒例の茶会に加わって、おばあちゃんたちに顔見せをした。学生たちも飲み方を教えてもらい、バタバタと茶せんを使って音を立てる。

「今は夏で暑くて、これも熱いけどけっこう飲めちゃう」

「都会のカフェだと一人で行くか、友達とだけど、ここは来たらだれか話せる人がいるみたいな雰囲気であったかい」

「お茶請けの漬物が最高」

「これこそ情報の交錯と発信源だ」

学生たちは口々に感想を話し、おばあちゃんたちは目を細めてそんな学生たちをもてなした。

その後は、夢創塾に向けて車で移動。舗装されていない林道を走ると「この道はやばい」「すげえ」「どこ向かってるの?」と声が上がる。でこぼこの林道も、都会暮らしの彼らには面白いようだった。

夢創塾でヤギと遊んで炭窯を見学、紙漉きを体験した。そのまま大量のピザと焼きそばを作り、差し入れのスイカをかじりながら乾杯した。

3日目からは4班に分かれ、集落に散って住民からの聴き取り調査が始まった。家々を訪れ、昔の思い出から始まって現在の思いや苦労を語ってもらう。学生たちが聞き上手なのか、若い人との会話が楽しいのか、おじいちゃんやおばあちゃんたちは話し始めると止まらなくなる。予定時間をすぐにオーバーしてしまうのだ。

とある家を訪ねると、玄関でおばあちゃんが倒れていた。彼らはびっくりして近所に知らせ、119番した。幸い、救急車が駆けつけて大事には至らなかった。学生たちはすぐに、町内会長から表彰された。

集落には防災用の有線放送がある。緊急時にマイクの前で話せば、どの家にも情報を伝える声が届く。わたしはこれを使うことを思いついた。里山の朝は早い。毎日午前6時半から1人が2、3分、順番にマイクの前で自己紹介する有線放送を始めた。

「東京の〇×大学からきた、△◎です。3年生です!」

谷間の集落に若い声が響く。なぜ蛭谷に来ようと思ったか、来て何に感動したか。そして今は何を思っているか――。

「もらったトマト、美味《おい》しかったです！」

すると昼、学生たちが調査に歩いていると、名指しでおばあちゃんから声がかかるようになった。

「あんた、△◎さんけ？」

「頑張られよ」

そのうち学生たちは、放送前に入念にリハーサルをしてマイクに向かうようになった。

1日の活動が終わると、風呂は地元の老舗旅館・小川温泉まで学生たちを車で運んだ。天然の露天風呂だから大喜びである。ところが、彼らはやがて「歩いて行きたい」と言い始めた。車なら数分でも、歩けばけっこう時間がかかる。それでも、みんなで歩きたいと言う。わたしは理由を尋ねた。

「星がきれいだから」

1週間はあっという間に過ぎた。田畑が荒らされたイノシシ被害の現場、獣害から作物を守る電気柵を見学し、ときにはビーチボールで遊び、わたしが定期的に出演している富山市の民放を訪ねて、ラジオ番組にも登場した。

いよいよ最終日、集まった住民たちの前で、学生たちは活性化への提言を発表した。

「京都の抹茶商品のように、バタバタ茶アイス、バタバタ茶石鹸《せっけん》など、地域の文化を商品化して売り出したい」

「首都圏の大学と提携してセミナーハウスを建設し、学生が定期的に宿泊し、学ぶ場を作ります。活性化には、まず住民自身が主体的に考えることが必要です。そのとき何より大切なのは、みなさんが蛭谷の自然、文化を好きであり続けることだと思います」

グループに分かれて、当日午前3時までかけて考え抜いた発表だった。最後は、彼らが紙漉きした和紙でインターンシップの修了証を作り、わたしから一人ひとりに手渡した。

8月下旬の第二陣10人も、同じように蛭谷について学んだ。ヒアリングを受けたお年寄りから「また家に話しにきて」とおねだりされ、移動途中にはスイカやサツマイモをもらって、どんどん荷物が増える有り様だった。

初年度23人の「インターンシップ　ＩＮ　びるだん」は大成功だった。大学生たちが東京へ帰るとき、わたしは冗談半分でこんな提案をしてみた。

「冬は雪が多くて大変なんだぞ。冬に来たい人はいるか？」

「はい」と、数人が即座に手を挙げた。

学生たちの意思を、そのまま本気に受け取ったわけではなかった。インターンシップを終えたばかりの、熱気と勢いというものがある。周囲も「それはねえ…」と、やや懐疑的だった。

秋が深まるころ、一応「再訪編」と銘打って募ってみた。すると6人が希望したのだ。「イ

ンターンシップ　ＩＮ　びるだん」は急きょ、冬バージョンも実施した。

一通のはがき

翌年8月のインターンシップも、わたしが世話人になって蛭谷で行った。首都圏から16人が参加し、前年と提案内容が重ならないよう、テーマを「空き家や耕作放棄地を資源としてとらえ、どう生かすか」とした。

ハードスケジュールの1日が終わると、夏の暑さが残る中、今年は女子学生たちが小川温泉の露天風呂までジョギングをするではないか。わたしはそのパワーに圧倒される思いだった。

学生たちはたまたま、東日本大震災に遭った福島の子たちとも交流することになった。

大震災に見舞われた半年後の秋を初回に、夢創塾は福島の親子を定期的に受け入れていた。「福島の子ども保養プロジェクト・ｉｎとやま」として、富山県生活協同組合連合会が小学生と保護者をごく安価な費用で招き、あさひふるさと体験推進協議会がこれを共催していたのだ。福島第一原発の事故で、自由に外で遊べない子どもたちが多かった。参加した親子は例年、2泊3日の中の1日を夢創塾で過ごす。

このときは福島から来た五十数人の日程と、インターンシップがたまたま重なった。わたしは学生たちに、夢創塾の受け入れ支援員になってもらうことにした。当時は東日本大震災から

5年が過ぎたころ。被災地の傷跡はまだ深く、首都圏に暮らす彼らにとっても記憶は鮮明だった。

学生たちは覚えたばかりの知識を頼りに、料理窯でピザや焼きそば作って親子をもてなし、はがきの紙漉きを支援した。さまざまな森の遊具への案内や補助にも走り回り、子どもたちの歓声があちこちで上がった。

インターンシップ最終日、ハプニングが起きたのは提案発表会だった。神奈川県から来ていた小松君という男子学生が突然、「長崎さんの弟子になりたい」と発言したのだ。「長崎さんが築いてきた花炭、和紙、土器、塩作りの実績や里山の技を引き継ぎ、やがては仙人を超えたい」と熱弁をふるった。

会場は大喝采である。さっそくわたしは、学生の提案を聞きに来ていた町職員に要請した。「彼を町の地域おこし協力隊員に任命するか、いっそ職員採用したらいいぞ」と。この出来事も、一時の熱気によるハプニングだと思ったが、「夢創塾の後継者」という、これまであまり気にしてこなかった未来を、わたしは意識することになった。

そんなころ、わたしの元へ前年のインターンシップに参加した女子学生からはがきが届いた。

長崎喜一様　奥様
長崎さん、かあちゃん、お久しぶりです。お元気ですか。

まちおこしインターンシップ第1回に参加した△◎です。

蛭谷には夏にも冬にもお世話になりました。

長崎さんたちと過ごした日々は、本当に楽しく、一つ一つが新鮮で、一生の宝物になりました。

今、私は就職活動中です。

落ち着いたらみんなで蛭谷に遊びに行きたいと思っています‼。その時は連絡します。

まだまだ暑い日が続きますので、お身体、ご自愛ください。


彼女が希望する先に就職できるよう、わたしは願った。小松君はその後何度も、夢創塾を訪れてくれた。またインターンシップ事業は翌年以降、南砺市利賀村などでも受け入れが始まった。

全国の地方が今、都会からの移住者を獲得しようと支援制度を設けて競っている。帰農塾やインターンシップは、富山にもそうした流れを生み出す「種まき」だったのだと、わたしは思っている。

アフリカの若者たち

「アフリカの青年農業研修生を受け入れてもらえないか」という打診が、ＪＩＣＡ（国際協力機構）北陸からきたのは、帰農塾がようやく成果を上げつつあるころだった。それまで福井県で実施してきたが、事情があって平成24（２０１２）年以降の研修先を探していた。

研修はＪＩＣＡの招きでアフリカの7カ国から農業指導や行政に関わる若手専門家が来日し、2週間にわたって農業技術や農産物の流通システムを学ぶ。グリーンツーリズムとやまは、新たに青年研修事業・アフリカ農村振興コースをＪＩＣＡ北陸から受託することになった。

依頼内容を聞いたとき、わたしには密《ひそ》かに期するところがあった。

東京農大で学び、県職員になって農業土木の専門家として大規模圃場《ほじょう》や用水の整備に力を尽くした。その一方で、自分が推し進めた農業の近代化は、結果的に里山の衰退に拍車をかけたのではないかという複雑な思いを抱いたことが、夢創塾の出発点になった。

ところがアフリカは食料自給率が低く、今も多くの国々で農村部は貧しいままの状態に置かれている。アフリカからやってくる彼らになら、自分の経験と知識を心置きなく伝えられると思ったのだ。どこへ行けばどんな農業研修が可能かは、調べるまでもなくわたしの頭の中にあった。

わたしはプログラムを練り、研修先と打ち合わせを重ね、受け入れが迫ると資料テキストの作成に追われた。来日するのはフランス語圏の若者たちなので、翻訳は専門家に頼んで製本した。

9月下旬、ブルンジ、セネガル、ニジェールなどから19人が来日し、富山市で開校式が行われた。研修生は「稲作の技術を農家と交流して学び、国に持ち帰りたい」「アフリカで限られている水をどう生かすか、研修で学びたい」と、それぞれの課題を披露した。

研修初日は講義だった。日本の農業の概要、農協や土地改良組合の役割など、4人の講師が説明した。フランス語に翻訳するので倍の時間がかかる。しかも一つの講義が終わるごとに質問が相次ぎ、なかなか終われないのだ。4講座とも質問を途中で打ち切り、残りは書面で質問してもらうことにした。わたしは彼らの熱心さに驚いた。

現地研修は早朝の卸売市場で水産物、青果、花のせりを見学したり、十二貫野用水などの水関連施設、農事組合法人訪問など、連日ぎっしりのスケジュールだった。大型コンバインによる稲の刈り取りに驚き、施肥や農薬散布の説明には一言も聞き漏らさないような眼差《まなざ》しでメモを取った。

研修後の感想からは、国の実情がさまざまにうかがえて興味深かった。

「わたしの国では農家が、それぞれのやり方で農業をやっている。日本の農家は連帯感があって集約的だ。さらに農家が消費者のニーズに応えようとしていることに驚いた」

「日本の農協のように組織化する重要性を訴えたい。農家は字を読めない人が多く、情報が行き届かない。集団化すれば字を読める幹部から情報が伝えられ、生産性と収益が上がると思う」

「自分たちでまず何からやれるか、考えたい」という声もあった。

これは別の年の研修時だったが、熱心にビニールハウスを観察している女性に気づいた。理由をたずねるとこう答えた。

「イスラム教では、女性がスカーフなしで外に出られません。ハウス内なら、スカーフをしなくても思う存分働けると思ったのです」

わたしには予想もできなかった返答だった。


青年農業研修が終わると、わたしは帰国が迫った彼らに三つのお土産を手渡した。

一つは朝日町の海水を汲《く》んで、夢創塾で作った塩。「世界は海でつながっている」という思いを込めた。そして蛭谷の和紙。

もう一つは自作の木彫りフクロウで、通称バード・コール。このフクロウの頭に直径7・5ミリの穴を穿《うが》ち、ここに一回り大きい8ミリのボルトを差し込んである。回すとキーキー音が鳴る。わたしは研修生たちに説明した。

「わたしの名前は、キイチ。これを回すとフクロウがキイチ、キイチと鳴きます。ときどき回して思い出してください」

これが大受けして、アルコールも出たお別れ会の席では、あちこちで一斉にフクロウが鳴いた。初年度は、彼らを見送って研修が成功に終わったとほっとする半面、わたしたちがアフリカの現状を知らなさ過ぎる事実に気づかざるを得なかった。現地の実情を見たこともなく、本当にいい研修プログラムが組めるのか。それが受け入れ側の最大の課題だった。

2年目の青年農業研修も、カメルーンなど6カ国から10人が参加して無事に終わった。それから1カ月ほどが過ぎた平成25（2013）年10月31日、わたしはアフリカのカメルーンへ向かう旅客機の中にいた。

カメルーン農業視察

カメルーンへ出発する前年、JICA北陸で研修のあり方をめぐる意見交換会が開かれた。わたしは「研修生と研修内容のマッチング」、さらに「母国で研修結果を生かす方策」の必要性を強調し、効果の見える対応を要請した。それは受け入れるわたし自身の問題意識であり、よりよいプログラム作成のために、アフリカの農業の現状を知りたいという思いが発言の根底にあった。

ちょうどそのころ、わたしは中日教育賞を受賞した。これは中部各県の教育の第一線で功績のあった人に贈られる賞で、表彰者11人の中でも夢創塾のわたしは異色だった。ありがたかったのは、副賞として49万円の賞金があったことだ。

わたしはこの賞金で、アフリカ、カメルーンへ行く決意をした。一番の問題は言葉の壁である。探すと、富山県内にカメルーンから来日した男性がいると分かり、里帰りを兼ねた通訳を頼んだ。彼の旅費や滞在費は、ほぼ賞金で賄うことができた。

期間は10月31日から11月11日で、わたしと農業土木関係者ら仲間3人に、通訳を含めた5人の一行になった。全員が自費渡航である。現地の課題を探るためにどこを訪ねるべきかは、JICAとカメルーン政府の担当省が手配してくれた。

カメルーンは、大西洋ギニア湾に面した中部アフリカにある。1960年にフランスから独立した国で、治安はアフリカの中では比較的安定し、天然資源に恵まれ、農業に適した土地もある。しかし経済停滞が続いて貧困問題が解決せず、ポテンシャルはあっても開発が進んでいない。

JICAはこの国への国際協力の重点項目として「教育による人的資源開発」「中小企業振興を中心とする経済開発」「農業と農村開発」を挙げていた。

空港に降り立ったわたしたち一行は、翌日から農業専門員のガイドでトラル州、西部州の農村を巡った。平地の耕作地、山並みに連なる段々畑、青空市をつぶさに見てまわり、農産物加工場では「ぜひ日本へ学びに行きたい」と話しかけられた。

農家の畑から大農場まで経営形態はさまざまだが、どこも農作業は鍬《くわ》や鎌が中心で、耕起から収穫まで手作業で行われていた。水は雨に依存し、ため池など絶対に必要な水利施設がまったく整備されていない。これでは近年の天候不順にも影響されて、安定した収穫は困難だ。

さらに部族間の交流がなく、米やトウモロコシ、イモなどの〈種〉は昔から自家採集を繰り返してきた。このため遺伝的な劣化が起き、品質と収量の低下を招いていることが想像された。

わたしは除草や収穫作業にも加わって、アフリカの農業を体験した。現地で栽培されている米は、日本のような水稲ではなく陸稲《りくとう》である。陸稲の畑では雑草が茂って稲の生育が悪く、「これでは刈り取れない」という悩みにも立ち会った。

土の家屋、未舗装の道路、電気などインフラ整備の遅れを目の当たりにし、アフリカの大地に大きな可能性を感じる一方で、現実の厳しさが心に沁《し》みた。この国の経済発展にはまだ時間がかかりそうだった。

富山の研修で大型農業機械や施設に感嘆した青年が「帰国したら、まず何からやれるか考えたい」と話したことが思い出された。彼の胸中には、こうした母国の現状が横たわっていたに違いない。また多くの研修生たちが、種もみに強い関心を示した理由も理解できた。

わたしたちは暑さと蚊に悩まされながらも、行く先々で「はるばる日本からやってきた」

とマンゴーやパイナップル、バナナで大歓迎された。バザールは活気があってうごめき、露天でサル、ネズミ、ニシキヘビが食材として売られていた。わたしはその煮付けをかじってみた。みそかんぱが蛭谷の郷土食なら、それはカメルーンの郷土食なのだろう。

途中、うれしかったのは富山で青年農業研修をした2人と再会できたことだ。また青年海外協力隊員として、高岡市からカメルーンに来ている女性とも出会った。昼食を共にして彼女からも農業の現状を聴き取り、お互いの健闘を誓った。

折谷博士との出会い

アフリカの農業視察は、わたしに多くのことを教えてくれた。翌年からの研修プログラムに、これを生かすことが使命だった。そして数々の体験だけでなく、「研究用」として持ち帰ったものがあった。現地で栽培されている陸稲、ネリカ米の種もみである。

帰国から1カ月が過ぎた11月半ば、わたしは朝日町で開かれたある会合で、地元の折谷隆志博士と同席した。折谷博士は東京大大学院を卒業し、元富山県立大学教授という農学の専門家である。そのときわたしは、折谷博士について深い知識もなく、アフリカの農業視察の様子や、遺伝的な劣化が進んだ種もみの問題について話した。わたしたちはたちまち意気投合した。実は折谷博士は米の品種改良の大家で、日本作物学会の名誉会員だったのだ。

わたしは翌日すぐに、アフリカ視察で持ち帰った資料や種もみを持って折谷博士の家を訪ね、協力を依頼した。これほど身近なところに、これほどの専門家がいたことにびっくりした。アフリカの種もみを日本のイネと交配し、旱魃《かんばつ》や病気に強く収量の多い陸稲品種が生み出せたなら、次に現地に適した稲作技術を確立することで、多くの人が飢餓や貧困から救われる。わたしと折谷博士が、小さな町の会合で共鳴した壮大な夢である。

折谷博士は1936年生まれで、わたしより5歳年長。蛭谷の山向こうの谷あいにある朝日町笹川に生まれた。富山県立大時代は、米の収量の多さで定評のある品種「金南風《きんまぜ》」を親に、多くの突然変異系統を育成して倒伏や病気に強く、しかも食味のいい系統を探し続けた。広く栽培されているコシヒカリは、おいしいが倒伏しやすく、イモチ病に弱いという欠点がある。

学生たちに食味テストを繰り返して生まれたのが、うるち米品種の「ササゴールド」。もち米品種「立山の雪」、酒米品種「ササの露」も開発し、どれも商標登録を得た。

さらにモンゴルの食糧事情を改善しようと、高原の雨水を頼りとする超早生《わせ》品種のモンゴル米「チンギスゴールド」を開発。草原の国モンゴルでは、水稲に加えて陸稲も求められたため、新たにアフリカからネリカ米の種もみ3品種を取り寄せ、定年退官後も自宅で研究を続けていた。そのタイミングで、アフリカ帰りのわたしは折谷博士と出会ったのだ。

わたしが訪ねた折谷博士の自宅は、笹川の流れに面した旧家で、昔ながらの大きな土蔵が種もみの保管庫、兼研究室になっていた。所狭しと分類された稲束が吊《つ》り下げ保存され、これを春までに分析・淘汰《とうた》して2代目、3代目を栽培し、雨水だけの栽培に適した種を探し求めている。黒部市には4000平方メートルの試験圃場があった。

自宅で、炊き上がったモンゴル米をお椀《わん》に盛っていただいた。チンギスゴールドはイネ本体から炊飯米に至るまで、香りを発する香米品種だという。おいしく、確かに強い香りがある。噛《か》み締めながら、わたしは折谷博士の研究への情熱と行動力に驚くばかりだった。

折谷博士はすでにアフリカのネリカ米と、金南風を親にもつササゴールドの交雑に成功し、雑種第4代までに数十系統を育成していた。モンゴル高原の自然条件に最適の陸稲品種を選抜し、純系分離する一歩手前まできていたのだ。

アフリカの気候に適した候補として、わたしが薦められたのは整理番号C－7系統。背丈が短くて倒伏しにくく、粒が揃《そろ》い、高温と水不足にも耐えうるという。わたしがカメルーンから持ち帰った種もみもネリカ米だが、品種の特定が難しく、これから交雑を始めるのも効率が悪い。わたしは折谷博士が品種改良を続けた種もみ数種類を、翌春から夢創塾でも試験栽培することにした。

夢創塾の〈食糧事情〉

食に関して、夢創塾には自然の恵みがあり、田んぼや開墾した畑があった。自然体験学校を続ける傍ら、わたしは食に強い関心を持ち、農薬や化学肥料を使わない自然農法を実践していた。新たな種もみの試験栽培に、何の不都合もなかった。

里山には豊かな自然の恵みがある。春に山に入ればゼンマイ、タラの芽、コゴミ、アザミ、キボウシ。ゼンマイは茹《ゆ》でて天日干し、その他は茹でて叩《たた》き、柔らかくしてから切ってあさ漬け。残雪が消える寸前の谷間にはフキノトウが顔を出す。

ススタケは一人で運び下ろすのに苦労するほど。ウドの群生地もあって、どちらも豊作の年は塩漬け保存する。タケノコはイノシシとの奪い合いだが、えてして先に全部掘り返されてしまう。暖かくなれば、名前がお気に入りのキイチゴが熟し始める。「喜一ゴ」なのだ。

豊富なキノコに、秋はクルミやギンナン。これらもサルやクマとの争奪戦になるが、サルが出れば周辺にクマがいないという、安全の一つの指標でもあった。

自然農法は、夢創小屋を手作りしたころから始めた。裏山の開墾した畑で行者《ぎょうじゃ》ニンニク、葉野菜、ダイコン、豆などを育てていた。有機、無農薬に加え、砕いた炭で土壌改良し、秋の枯れ葉を腐葉土にし、焼き畑を試したこともある。子どもたちのアイドル、ヤギの糞《ふん》が貴重な肥料になった。

母が天国へ旅立った翌年からは、古代米を作り始めた。母が世話をしていた野菜畑を引き継ぎ、水田にしたのだ。種もみを友人から分けてもらい、苗作りからスタート。古代米は栄養価が高くミネラルも豊富だと知り、米作りもヤギの糞と木酢液を使った有機、無農薬栽培を続けていた。

米を作り始めると農機具が必要になった。納屋から半世紀前の足踏み脱穀機や唐箕《とうみ》を引っ張り出してきた。唐箕を知る人が、今どれほどいるだろうか。風力を使ってわら屑《くず》や籾《もみ》の善し悪しを選別する、江戸時代からの農家の必需品だった。蛭谷の友人宅に眠っていた農機具も、もらって自分で修理した。

旧式の農機具は子どもたちの体験学習でも活躍し、さらに後日、アフリカの青年農業研修生たちの注目を集めることになる。

そして今度は、アフリカ米候補の試験栽培を始めることになった。わたしは草を刈り、土を掘り起こして畝を作り、陸稲の試験圃場を整備した。最初の年は早生4種、さらにモンゴルで成功した超早生2種を栽培する計画だった。

E111

平成26（2014）年4月16日は73歳の誕生日、そして母の命日だった。わたしは折谷博士が開発したアフリカ米候補の種もみを、60度の温水で消毒し、発芽を促すために水に漬けた。母と植えた111本の桜は満開になり、里山は明るく輝いて小鳥たちが囀《さえず》っていた。ヨモギを摘んで草餅を作り、一人で酒を飲んで花見をした。

わたしの「アフリカ米プロジェクト」の始まりだった。

10日ほど経て発芽した種もみを育苗箱に播種《はしゅ》。これとは別に、一部の種もみはそのまま畑にまく直播《ちょくはん》を試したが、これは発芽前に畑をタヌキにほじくり返されてしまった。土の中のミミズを漁《あさ》ったらしい。見た目は壊滅状態で、わたしは早くも唇を噛むことになった。ところが5月半ばになると、あきらめていた畑からぽつぽつと芽が出てきた。まいた種もみの3分の1ほどだが、その生命力がうれしかった。

育苗箱の方は苗が順調に育ち、天候を見極めて田植え日を考えるまでになった。前日の雨が止み、翌日はまた雨予報の中日、田植えをした。田植えと書いたが、陸稲なので植えたのは田ではなく畑で、数列の畝に定植した。日を変えて、水稲のモンゴル米と古代米は文字通り田植えをした。

梅雨時期は雑草と格闘しつつ、わたしは金沢市にあるJICA北陸に出かけて、アフリカ米の「草の根技術協力事業」について協議し、課題や今後の展開手法にアドバイスをもらった。7月中旬、直播してタヌキ被害に遭ったイネに最初の穂が出た。以降、順次出穂が始まった。

8月に入ると開花し、いよいよ稲穂に米が入り始める。複数種を試験栽培していたため、選別に不安があったが、草丈や穂の色や形がそれぞれ違うのでほっとした。穂の長さや粒数はコシヒカリと同等かそれ以上だ。生育がやや不揃いなのは、種が品種として純系に至っていないためだと思われた。

わたしは育成過程で何度も折谷博士を訪ね、管理について教えを乞うた。折谷博士の試験農場では、品種ごとの選別、優良な稲穂の見分け方についても実地で指導を受けた。純系品種を生み出すためには必須の技術だ。

この間も陸稲畑の稲穂をハクビシンに盗み食いされたり、イノシシが侵入したりと、夢創塾の農業は受難続きだったが、9月下旬にはアフリカ米候補のイネ各種を手刈りし、はさ掛けできた。草丈が短くて倒伏しにくく、180以上の籾が付いた優良な穂は、翌年の種もみ候補だった。

10月にやってきた研修生たちは、新たに加わったプログラムとして、折谷博士からネリカ米と日本の米の交雑研究の現状について講義を受けた。現地研修では折谷博士の試験圃場で作業を手伝い、昼食にアフリカ米候補の米を食べてもらった。講義の席でも圃場でも、研究についての質問が相次いで終わらず、試食も好評だった。

翌平成27（2015）年春、前年の作業記録を見ながら試験栽培の準備を整えていたころだった。グリーンツーリズムとやまへ、東アフリカの内陸部にあるブルンジ共和国の農業局長から質問書が届いた。折谷博士が研究しているイネに関しての問い合わせで、英語とフランス語による文書だ。

わたしたちの手に負えるはずもなく、そのまま折谷博士のところに届けた。折谷博士は質問内容を日本語に訳しながら、英文で回答を書き、その回答もわたしが分かるように日本語で解説しながらだった。いつものことながら、わたしは驚くばかりだった。

もしかするとブルンジ政府から、種もみの正式な送付依頼がくるかもしれなかった。ようやく迎えた雪解けの季節は、里山のあちこちに芽吹きがあった。アフリカ米の夢に、早くも小さな芽が膨らみ始めた気がした。

この年の試験栽培には、折谷博士から新たに託された「E111」が加わった。E111は水稲としても、陸稲としても栽培できる種だという。わたしはこれを畑と水田で栽培して比較することにした。畑への定植と田植えに向け、畝作りと代かきをし、ミネラル補給の炭粉、雑草を抑制する米糠《ぬか》、ヤギの糞の堆肥を入れて元気に育つことを期待した。そしてE111は、わたしの期待をはるかに上回る結果を出したのだ。

アフリカを思わせるような猛暑の夏になった。7月中旬に出穂が始まり、その月の終わりに同じ条件で有機栽培しているコシヒカリと、穂の比較検査をした。

1本の稲穂に付いた籾の数は、コシヒカリ112粒。これに対してE111は3倍近い305粒もあったのだ。稲穂を付ける茎数はコシヒカリの3分の2と少ないが、それでも2

倍の収穫量が見込める計算だった。

「アフリカの飢餓と貧困を救う最有力品種」

直感的にわたしはそう確信した。

9月に入り、折谷博士を迎えて陸稲栽培したE111の穂摘みをした。種もみにする優良な穂を、竹べらを使って摘み取る作業だ。猛暑に負けなかった陸稲の稔《みの》りは、大きな期待を抱かせてくれた。水稲栽培も同等の出来で、すべて刈り取るとハサに掛け、大満足の折谷博士と喜びを分かち合った。

他のアフリカ候補米は収量がE111の半分以下だったが、暑さに強いため、これらも種もみを取って継続栽培することにした。天日干しをした後、E111を脱穀して精米すると、粒に白い濁りがあって餅米に似た外見である。豆と炊き込んだりするアフリカ料理にマッチしそうで、カレーやチャーハンにもよさそうだった。


例年通り青年農業研修が始まり、十数人がアフリカ各国から来日した。折谷博士が講義で、品種改良した米をアフリカに普及させたいと話すと、会場の熱気が一気に上がった。今回も講義の後は質問が後を絶たず、残りは翌日の体験研修に持ち越しとなった。

折谷博士の自宅での体験研修は、品種改良の過程を学び、試験圃場で選別や脱穀を体験。昼食には、カレーライスが準備されていた。米はわたしが栽培したE111だった。

「甘みがあっておいしい」

「母国の米と似た味がする」

研修生たちの評価は絶賛と言ってもよかった。彼らがどんな食味の感想を持つか、受験生のようにはらはらしていたわたしは、思わず心の中で拳を突き上げてガッツポーズを決めた。

ベナン共和国の研修生からは、具体的な質問が出た。

「ぜひこの種もみがほしい。どうすれば種もみ交流ができるか」

植物の種を海外に持ち出す、あるいは持ち込むことについては、それぞれの国の検疫という難しい問題がある。わたしは折谷博士やＪＩＣＡの力を借りて、実現できるように検討すると約束した。そして、種もみは海を渡った。

その年の暮れ、ベナン共和国の研修生からメールが届いた。フランス語なので文面は読めないが、３枚の写真が添付されていた。わたしは写真を見て、すべて理解した。

水田に苗を植えている様子、Ｅ１１１を植えた仲間たち、農地を写した３枚だった。Ｅ１１１が、アフリカで育ち始めているのだ。熱いものが胸に込み上げてきた。折谷博士とわたしの夢が、小さな芽を吹いた。

タンザニアの脱穀機

カメルーン視察以降、わたしは研修の一部に昔の農機具による農業体験や、散居村で知られる砺波市の郷土資料館を訪れて、民具や農具を見学する時間を組み込むようになった。現代の農業機械や大型施設に研修生はみんな驚く。地域ぐるみで組織化された農業経営、整った圃場や水利施設にも目を見張る。しかしアフリカの実態とかけ離れ過ぎていた。

研修生たちは農業指導者や研究者、農業関連省庁の行政官である。現実を正しく理解できるエリートであり、自国との違いの大きさを知るほど、何から手をつければいいか途方に暮れるはずだった。むしろ足踏み脱穀機のような古い農機具に、現実的な興味が向くのは当然だった。

ある年の研修で、折谷博士の自宅でアフリカ米の品種改良について学んだ後、蛭谷に移動して、わたしが試験栽培するE111の陸稲を全員で刈り取った。イネを結束してハサがけし、すでに乾燥が終わっていた水稲のE111は、ハサから外して納屋に運んだ。

これを足踏み脱穀機で脱穀し始めると、研修生たちの目が真剣そのものになった。さらに唐箕で籾と藁《わら》クズを選別。だれもが、江戸時代から半世紀前まで使われていた、電気もガソリンもいらない簡易な農機具が持つ抜群の性能に感動していた。「設計図がほしい」と、声が上がるほどだった。

わたしはおまけで、藁をなって縄を作ってみせた。藁が「ロープ」に変わるマジックに、彼らは目を白黒させてびっくりした。

彼らが帰国して10日後、タンザニアから参加していたオコオ君という研修生から、改めて「唐箕」「足踏み脱穀機」「転がし」など昔の農機具の設計図がほしいというメールが届いた。すぐにも送りたかったが、そんな設計図はいったいどこで手に入るのか。探して苦労するくらいなら、自分で描いた方が早いかもしれなかった。

オコオ君からは、その後も何通もメールがきた。長文にわたる研修の感想もあった。英文なので、わたしは翻訳ソフトを頼りに熟読した。さまざまな研修の感銘が記され、その一つに日本は持続可能な社会の構築を図っていることが挙げられていた。

彼らの研修先には、富山市の里山で自然の循環を生かした有機農業を実践する農業法人「土遊野」が組み込まれていた。ここではニワトリを平飼いし、家畜を飼い、有機肥料と無農薬で農業を営み、太陽光と小水力発電で電力を自給。さらにパンやケーキを作って6次産業化し、消費者ともつながっている。

持続可能な社会の営みを実践する「土遊野」は、ときに近代化された農業以上に、アフリカの研修生たちに深い感銘を与えた。地球温暖化による異常気象で旱魃が相次ぎ、農業の危機と食糧危機に瀕《ひん》しているのは、日本よりもアフリカだからだ。

感想にはこうも記されていた。

「富山ではだれもが時間厳守で勤勉、創造的に働いていました。時間は貴重な資源であることを学び、わたしたちの国に普及させたい」

2カ月ほどかけて、わたしは要請を受けた農機具の設計図を自作し、現物の写真を付けてオコオ君に送った。

オコオ君からメールが届いたのは翌年の夏だった。満足そうに金色のトロフィーを掲げた本人と、簡易な手動脱穀機の写真が添付されていた。その脱穀機が国の農業祭で優秀賞を受賞したのだ。最新鋭機の名称は、こうなっていた。

「O-KIITI RICE TECH」（オコオ—喜一 コメ テクノロジー）

写真を見る限り、脱穀機としての効率はまだまだのようだが、わたしが送った設計図と研修で見た実物を参考に自作したらしい。オコオ君からはさらに、足踏み脱穀機について詳しい情報を求めるメールが届いた。足踏みの上下運動による動力伝達は、どんなカム、歯車の構造になっているのか。わたしは再び図を描き、現物の写真を添えて送信した。

その後連絡はないが、いつか突然、わたしの名前を冠したアフリカ製足踏み脱穀機が登場するかもしれない。

広がる栽培国

E111の試験栽培国はその後、ベナンに加えてナイジェリア、モザンビーク、南アフリカ、ルワンダと広がった。
南アフリカは、日本植物燃料株式会社から種もみの要請があって提供した。日本植物燃料は、アフリカで農村の近代化や再生可能エネルギー事業に取り組む会社だった。初年度は現地方式で種もみを直播したが、乾季だったことと鳥の被害に遭って発芽ゼロ。2年目は苗床から育てて収穫できた。

ところが農家に試験栽培の認識がなく、現地の米と一緒にしてしまったため、収量や食味についてデータを取ることができなかったという。その後どうなったのか、気にかかるが報告がない。幻のE111になったのだろうか。

試験栽培に最も意欲的なのはルワンダで、現地のJICA協力隊員から栽培期間、現地米との重量比などの報告が写真とともに届いた。試験栽培は大成功だった。さらにルワンダ大学が、自国種とE111を交配してルワンダの風土により適した米を作るプロジェクトを立ち上げた。研究のために、E111に関する詳細情報の提供要請があり、折谷博士に対応をお願いした。

わたしはアフリカで育ちつつあるE111を見たかった。この目で見たことを、折谷博士にも報告したかった。ルワンダを訪問するJICAの現地視察・フォローアップ調査が、令和2（2020）年2月に予定されていた。わたしは参加することにして、出発を心待ちにした。単に視察するだけでなく、燻炭《くんたん》を使う土地改良法や古い水利施設の設計図など、現地の農家にも実践できる技術を伝えようと資料を集めた。

ところが、航空機のチケットもすべてそろった直前に、調査は中止された。前年末に中国の武漢で感染確認された新型コロナが、短期間に世界中に感染を広げてパンデミックを引き起こしていたのだ。令和3（2021）年、わたしは長く務めたグリーンツーリズムとやまの理事長を退任した。

折谷博士とわたしの夢は、まだよちよち歩きを始めたに過ぎない。国によって気候が異なり、栽培地の標高差など環境は千差万別だ。これから日本と各国で何年も試験栽培を続けて情報交換し、最適な育成技術を確立する必要がある。またルワンダのように、E111を母にした新たな品種が生まれるかもしれない。夢創塾のE111は、現在も試験栽培を続けている。

バリ島で若者たちに炭焼き指導

第5章 蛭谷《びるだん》の技バリ島で咲く

バリ島の竹

アフリカ再訪の願いは新型コロナの流行で中断したが、同じ理由で海外渡航を断念せざるを得なかった行き先が、わたしにはもう1カ所あった。

インドネシアのバリ島中央部、標高600メートルほどの山中にあるキンブル村である。人口は1400人ほど。観光地から遠く離れ、村人は牛を使って棚田や段々畑を耕して暮らしていた。

その村に新しい産業を起こそうとする人たちに要請され、わたしは十数年前に蛭谷《びるだん》の技を生かした炭窯を現地に作った。意欲のある若者が炭焼きを学び、やがて炭入りパンのような健康食品、また炭入り石鹸《せっけん》、シャンプーなどとして商品化され、街の商店に並ぶようになった。ホテルのロビーにはマイナスイオンの効果と消臭を兼ねて、炭のオブジェが飾られた。

キンブル村はインドネシア国内で、僻地《へきち》活性化の成功例として注目され、わたしはその地から招待されていたのだ。

バリ島の炭焼きについて最初から記すために、少し歳月を遡《さかのぼ》らなければならない。

わたしが夢創塾に炭窯を造り、炭焼きをしていることが新聞やテレビで知られるようになると、アドバイスや協力を求められることがしばしばあった。それは「住民活性化のために炭窯を造りたい」という地域の団体やグループだったり、定年後の生きがいを探す個人であったりした。

要望は全国からきたが、わたしはできる限り応え、富山県内であれば現地にも出向いた。「炭を核にふる里を元気にしたい」という思いは、わたしの思いでもあったからだ。

わたしの古巣である県庁のT氏から「バリ島の竹を炭にしてほしい」と、一風変わった連絡が入ったのは平成18（2006）年の11月だった。数十センチに切り揃《そろ》えた竹6本が、段ボールに梱包《こんぽう》されてわたしの元へ届いた。

毎日炭を焼くわけではないので、年内に炭にしようと思っていると、12月に入って「そろそろできたでしょうか」と探りが入った。元々の依頼者は神戸の〈貿易商〉なる人で、結果を待ち望んでいるという。

インドネシアのバリ島は、観光以外に大きな産業がない。竹があちこちに生えていて、一部は竹細工にされるが、大半は打ち捨てられたままだ。無尽蔵にある竹をどうにかして商品に変え、事業化できれば、貧しい住民に新しい収入の道が生まれると〈貿易商〉は考えているらしい。

そう聞いて、わたしのやる気に火がついた。日本であろうと国外であろうと、地域を元気にすることはわたしの願いだ。しかも、炭を使ってとは。自分の炭窯造りの集大成として築いた環境窯が、前年に完成したばかりだった。わたしはその窯で、入念にバリ島の竹を焼いた。

正月が明けるとT氏を訪ね、黒光りして玉虫色が付いた竹炭6本を手渡した。

「これは間違いなく商品になる。地域振興に役立つはず。要請があれば現地まで技術指導に行ってもいい」

わたしはそう請け合って、次の展開を待つことにした。新年早々、夢を一つ託した思いだった。


ところが2カ月が過ぎても音沙汰がない。

もっとも、冬の間もわたしは忙しかった。子どもたちに自然の循環を教える「厳冬期の小川探検」は4年目を迎え、朝日町の2小学校だけでなく、新潟県の市振《いちぶり》小学校が加わった。春になれば「風の道」プロジェクトをスタートさせようと構想し、一方ではグリーンツーリズムとやまが設立3年目に入って「帰農塾」を軌道に乗せなければならなかった。

再度の要請

「バリ島の竹を、もう一度炭にしてもらえませんか」

T氏から電話が入ったのは3月半ばだった。〈貿易商〉はわたしが焼いた竹炭をバリ島に持ち帰り、どのように商品化できるか試行錯誤しているが、検討素材の竹炭が少な過ぎた。そこで数十キロの竹が、再度届いたという。

「竹はわたしが夢創塾へ持ち込みます」

「分かりました」

T氏の要請をわたしは了解した。前年の暮れに「これぞ長崎流竹炭作り」と、経験と力をふり絞った結果が、今回につながったのだと思った。

わたしは夢創塾に行き、環境窯の雪囲いを外した。炭焼き小屋の中が明るくなり、道具類を整理整頓して準備を整えた。まだ30センチほどの積雪があったが、バリ島の竹をはじめとした窯木の搬入はできそうだった。日程を調整すれば、月内には焼けるだろう。

翌々日、バリ島の竹を届けにきたのは、T氏と富山市婦中町の荻原任誠さんだった。ここでようやく、わたしにも詳しい事情が分かった。

神戸の＜貿易商＞とは荻原さんの親戚で、バリ島で結婚式場や美容院を経営していた。そこに島の山奥から出てきて働く娘がいた。娘から農業と竹細工で生計を立てる貧しい村の話を聞き、＜貿易商＞は何とか力になりたいと思った。

当時の日本は竹炭がブームになっていた。＜貿易商＞はバリ島の竹を炭にして商品化できないか、親戚の荻原さんに相談した。荻原さんはそのころ、地区の仲間と炭焼きを復活させていたからだ。荻原さんも竹炭を焼いてみたが、さらにT氏を通して、炭焼きの伝統と経験がある蛭谷の、わたしへの要請になっていたのだ。

そうと分かれば、これはわたしだけではなく、たくさんの男たちが炭焼きを生業《なりわい》にしてきた、蛭谷の歴史を踏まえた支援要請だった。

わたしは改めて、運び込まれた竹を見た。長さ約1メートルに切り揃えた15本で、太さは直径10～15センチ、どれもかなり肉厚だった。話によると、年末に焼いた竹炭は現地で、燃料や飾り物としての使用を検討しているという。しかし、わたしは高品質の竹炭が燃料用では能がないと思った。15本のうちの1本を、自分なりに加工して炭にすることにした。

輪切りにしてジョッキを1個、小刀で削って飲み物をかき混ぜるマドラーを50本、形状の面白い飾り炭を1個。バリ島の竹は繊維が太いが柔らかく、小刀が使いやすかった。生竹なのでみずみずしく重い。

窯の準備がすべて整ったのは、5月の大型連休が迫るころだった。環境窯の一番いい炭ができる位置にバリ島の竹を置く。すべて節抜きをしたので、割れは少ないはずだった。

朝、焚《た》き口に着火。窯が高温になって中で炭化が始まる。夕方に粘土で焚き口を塞《ふさ》ぎ、排煙口も締めた。火を止めても中は高温のままで、木自体が熱を発しながら徐々に炭化が進んでいく。それから6日間、朝と晩に排煙温度と木酢液の出具合を見ながら、空気穴と排煙口の締め具合を調整した。

煙を観察し、排煙が無色になったところで窯止め（密閉）した。炭化にかけた時間は155時間で、わたしが炭を焼いた経験の中で最長記録だった。言うまでもなく、わたしが自分のものにしようと努力し、経験を積んできた炭焼き技術の基本は、やまびこの郷に集うじいちゃんたちから学んだ技である。

出会い

窯出しの日は早朝から大忙しになった。午前のうちに、荻原さんと親戚の〈貿易商〉が夢創塾を来訪することになっていた。その前に炭を出しておきたかった。

粘土で塞いだ焚き口を壊すところから、窯出しは始まる。たちまち目も開けられないような灰や土埃《ぼこり》が舞い上がる。続いて中仕切りのレンガを取りのけると、熱気が吹き出してきた。窯止めから8日目、まだ中は完全な常温には戻っていなかった。

この日は、地元の民放の北日本放送が取材にきていた。顔見知りの女性レポーター〈山ちゃん〉と、取材クルーにも手伝ってもらい、窯にぎっしり詰まった400キロほどの黒炭を、短時間で取り出すことができた。次に奥にあるバリの竹炭を確かめる。黒く、しっかり艶の乗った仕上がりになっていた。成功だった。

わたしは〈山ちゃん〉と、窯の中で思わず握手した。もしその映像をカメラがとらえていたら、狭い炭窯の中で、炭で真っ黒になった顔に白い歯を見せて笑い合う、何とも珍妙な2人だったに違いない。

やってきた〈貿易商〉は、2人だった。神戸市にある会社の代表取締役、杉山千明さん。この人が荻原さんの親戚だった。同行した取締役の井岡奈津子さん。まだ若い、元気な女性である。

蛭谷の技でできた竹炭に、2人は深く感動してくれた。わたしが加工したジョッキなどの工芸炭にも驚いていた。炭にそんな可能性があるとは、想像していなかった。バリ島で炭をどう生かすか、先が見通せないまま試行錯誤が続いていたのだ。

「バリの竹を炭にしたいという、突然の無理なお願いを引き受けていただき、本当にありがとうございました」

杉山さんは改めて深く頭を下げ、全員で夢創塾にある四つの炭窯を熱心に見学した。自然体験学校というわたしの取り組みにも耳を傾け、大いに共感してくれた。

その場で直截《ちょくさい》にわたしに問いかけたのは、若い井岡さんだった。

「バリで炭窯を作ると、製作費はいくらかかりますか」

「ただ同然です。土さえあれば」

「ではバリ島にきて、ぜひ炭窯を作ってください」

「バリの竹を焼いてみて、それは大丈夫だと分かりました。しかし炭窯を造るには土が重要です」

後日、杉山さんから礼状が届き、そこには「バリのプロジェクトに、ぜひ協力いただければ幸いです」と記されていた。炭で島民を豊かにする挑戦は、2人にとってビジネスの片手間の夢ではなくプロジェクトなのだった。

土を試す

バリ島に炭窯を造るとなると、まず土の性質がポイントだった。粘土系でありながらさらさらした土が最適で、高温にさらされると割れて崩れるようでは使えない。次に側壁を積む石が大事で、これは硬過ぎると割れる。

日本とバリ島を行き来している井岡さんとメールで連絡を取り合い、7月に事前調査することになった。ところがわたしは予定が詰まっていて日本を離れることができず、荻原さんが現地に行って調べた。荻原さんは現地からさまざまな情報と、2キロの土を持ち帰った。

荻原さんによると、炭窯を造るギャニャール県のキンブル村は、農業が頼りの自給自足に近い生活で、椰子《ヤシ》やマンゴーなどの果物が豊富。泊まれるような家はなく、1時間ほど下った町のホテルに滞在することになるが、そこも数人で満杯になる。窯造りに適当な石はなく、農業の他にレンガを焼いているのでそれで代用できるかもしれない。竹はもちろん、雑木もあって植生は豊かだという。

一方で井岡さんからも調査結果の概要がメールで届き、炭窯を造る候補地も決まった。わたしは炭窯の概念図兼設計図を作って送信した。

荻原さんが持ち帰った土は砂系でさらさらしていて、水を混ぜてこねてみないと粘性が分からなかった。わたしはやまびこの郷に集う炭焼き名人の一人、米丘寅吉《よねおかとらきち》さんの立ち合いで試し焼きを行い、判断を仰ぐことにした。和紙作りの際にいろいろ教わった、あの米丘さんである。米丘さんは若いころ、全国の山を渡り歩いて炭を焼き、土地土地で窯を造った経験も豊富だった。

この土は使えるのか。わたしは夢創塾に持ち帰り、米丘さんと改めて検分した。

火山灰質のようで粒子が細かく、水でこねると粘りは出るが、とうてい炭窯には使えそうになかった。30分ほど火で焼いてみたが脆《もろ》い。これでは窯の天井がすぐに落ちてしまうだろう。

次にセメントを3分の1、さらに2分の1混ぜて焼いた。どちらも固くはなるが、簡単に割れて思ったほどの強度が出なかった。「レンガ屑《くず》をさらに混入してひび割れ防止を図れば、かろうじて使えるかもしれない」と米丘さんは推測した。どうにも心細い結論だった。

ふと思い当たったのが、村でレンガを製造していることだ。レンガに使う土を使えば大丈夫なのではないか。熱にも強いはずだった。現地を見てきた荻原さんにも連絡を取り、その方向で進めることにした。

バリ島での炭窯造りは、8月26日から9月3日までの9日間と決まった。わたしは日程を調整する傍ら、井岡さんに事前の準備を頼んだ。

「レンガに使う土を、現場に3トンほど運んでおいてほしい」

「そんな一気には…」

何気ない連絡のつもりが、井岡さんはやや困惑気味だった。ダンプカーに積んで一度で運ぶイメージしかなかったが、向こうでは無理。しかも山の中である。そう簡単なことではなかったのだ。

富山の農業先生

わたしが7月のバリ島の事前調査に行けなかったのは、その期間中、糸魚川市にある小学校2校の自然体験交流会など、夢創塾の予定がぎっしりで動かせなかったからだ。別の日には高岡市の山あいにある西広谷地区から、自治会長ら13人が炭についての研修で来訪した。

西広谷地区では、住民たちが40年ぶりに炭焼きを復活させた。昔と同じく燃料として炭を使っているが、もっと活用法を広げたいと模索していた。一行は四つの炭窯を丹念に見て、炭だけでなく、熱を利用して料理や塩作りまでしていることにびっくり。そこへちょうど、ネギを栽培する農家が炭の粉を買いにきて、わたしの代わりに土壌改良の効用を熱弁してくれた。

炭に特化した視察や見学の人たちとの会話はいつも楽しく、わたしはこれからも応援したいと一行を見送った。

そしてこの期間、予定が入っていた来訪者の中にタレントの大桃美代子さんがいた。大桃さんは、わたしが栽培する古代米の田を見ようと、新潟県魚沼市から車でやってきた。自分で栽培を始めた古代米の稲穂3本を持参し、わたしの田の稲穂と比較して勉強するためだった。

わたしと大桃さんは、自然と田舎暮らしをテーマにしたイベントで共に講演し、パネルディスカッションにも加わったことで知り合った。大桃さんは講演で、食と健康について熱弁。最後に「来年は40アールの田んぼを作ります」と宣言して、大喝采を浴びた。

後日、大桃さんは宣言通り、東京で仕事をしながら魚沼市の実家に通って古代米作りの準備を始めた。いつの間にかわたしは、大桃さんが挑戦する古代米の〈先生〉に指名されていた。もちろん、わたしは農業の指導員資格など持ってはいない。しかし無農薬、有機農法の指導員資格とは、そもそもあるのだろうか。

わたしは大桃さんからメールで要請を受け、有機農法のための米糠《ぬか》や木酢の反当たりの使用量、時期、価格、効用、注意事項など、周囲の専門家にもヒアリングして取りまとめて送った。4月になると車で魚沼市まで、木酢液や粉炭などを大量に運んだ。それは、T氏からの再依頼を受けて、バリ島の竹を焼く直前のことだった。

魚沼市では大桃さんとご両親に出迎えてもらった。

「遠くまでようこそ」

「いやいや〜、また会えてよかったちゃ」

荷下ろしが終わって地元の料理店で歓迎してもらう。魚沼といえば、コシヒカリで全国に名を馳《は》せる米どころである。そこで古代米を有機で作り始めるという娘に、農業を営むご両親はやや困惑しながらも、笑顔が絶えない様子だった。わたしは飲みながら相変わらず、自然の大きな循環について、子どもたちのこと、そして炭焼きについて語った。

知らなかったのだが、大桃さんは新潟県の地方紙、新潟日報に「日曜エッセー」という大きな連載を持っていた。数日後、その欄に縦4段の大きな見出しが躍った。

「富山の農業先生来る」

掲載紙が送られてきて、びっくりしたのはわたしだった。大桃さんはエッセーの中で、わたしが語った自然の循環を踏まえて、こんなふうに書いていた。

「わたしは魚沼市のこと、さらに言えば、田んぼのことで頭がいっぱいになってしまうのに、農業とは大きな視点を持たないといけないものだと、富山の農業の先生に教えられました」

5月の連休明けには、古代米の田植えにわたしも参加した。地元や東京から集まった多くの取材陣が田んぼを取り囲む中で、大桃さんとご両親、そしてわたしも加わって古代米の苗を手で植えた。次に大桃さんが田植え機に乗り、何とか操作して残りを一気に植えた。最初はやや曲がったが、そのうち「かなりまっすぐ」植え終えた。

取材に一つひとつ丁寧に答える彼女を見ながら、わたしの頭には大げさな夢想が広がった。大桃さんがシンボルになって有機農業が広がれば、土壌改良のために炭の需要が拡大する。すると全国の里山に、炭焼きの煙が復活するのではないか…。


7月下旬から8月にかけてはアメリカに渡った。マザマス登山会との友好を記念した、カスケード山脈聖山16座の制覇が終盤を迎えつつあった。この年はワシントン州の2座に挑んで登頂に成功。いよいよ残り2座を残すのみとした。これが終わってようやく、わたしはバリ島での炭窯造りに全力を傾ける態勢が整った。帰国早々、井岡さんからメールが届いた。

「おかえりなさいませ。アメリカの山々はいかがでしたか?。とても興味ありです!!。さて、バリへの航空券の手配が終わりました。わたしが現地でのご案内をさせていただきます」

バリ島にて

平成19（2007）年8月26日午前11時、わたしは関西国際空港発の機中の人となった。一行はわたしと荻原さん、案内役の井岡さんで、井岡さんとは関空で落ち合った。同日午後5時10分、時差2時間でインドネシアのデンパザール空港着。バリ島の村おこしに、いよいよ蛭谷の技を生かすときがやってきた。

炭窯造りを学ぶ村民は、20歳代の若者を中心とした11人と通訳で、翌日からすぐに築窯場所の掘削を始めた。滞在日数が限られていたため、のんびりしていられない。整地し、窯の側壁をレンガで積み、煙突や燃焼室をしつらえた。

作業の進め方は連日、紙に図入りで描いて掲示。日本語に身ぶり手ぶりで説明すると、通訳を介さなくてもほぼ理解してくれた。何より大切なのは学ぼうとする姿勢で、その点は申し分がなかった。また全員がヒンズー教徒で信仰が篤《あつ》く、仕事の無事を願うお祈りが連日あった。

困ったのは道具類がないことだった。レンガ工場から土を運ぶにも壊れたリヤカーしかない。修理する釘《くぎ》や針金もなく、竹を割いてひものようにし、それで結えて応急修理して土を運んだ。

4日目には早くも、炭窯造りの最大の難所である天井上げを行った。竹や材木で天井の円《えん》錐《すい》形を内側から仮施工し、そこへ水とセメントを加えて固練りした土を乗せていく。全員で形を確認しながら、美しい円錐形になるようにした。

天井が上がれば「叩《たた》き締め」である。若者たちが天井に上り、翌朝まで杵《きね》やハンマーで土を叩き続けた。その後は天井を乾燥させるため、徹夜で燃焼室に火を焚き、若者3人に火の番を任せた。

翌日、天井を仔細《しさい》に調べたがどこにも割れや裂け目がない。順調に乾燥していると思われた。炭窯の完成である。これほど順調だったのは、天井の材料が最適で、土をしっかり締め固められたからに尽きた。通訳を通して若者たちに「少しもひび割れがないとは奇跡だ」と告げると、彼らの答えはこうだった。

「神に祈って働いたからだ」

神があって自分たちがある、その大いなる恵みを受けているというのだ。よくよく考えれば、自然の循環の中で人間をとらえようとするわたしと、どこか相通じる思考かもしれなかった。

完成したのは直径1・8メートル、奥行き2・7メートル、高さ1・4メートルの小型サイズで、出炭量は200キロ程度が見込まれた。「忘れないうちにもう一度造りたい」と声が上がるほど、若者たちは最後まで熱心だった。

9月1日には炭にする竹を建て込み、窯に火を入れた。

かつて炭焼きを生業にしていた蛭谷の男たちは、手早く見事な窯を造り、すぐに炭を焼き始めた。雪が降るまでの間に1回でも多く、良質な炭を焼くことが稼ぎに直結したからである。わたしは窯を造って、これほど短期間で火入れをしたのは初めてだった。蛭谷のじいちゃんたちから、伝統の技を学んだおかげだった。

作業期間中、わたしたちは小さな村の大きな話題になっていた。住民たちが連日見学にやってきてしげしげ眺め、村長から直々に感謝の言葉を告げられた。わたしは1日の仕事が終わると、子どもたちに「ありがとう」という日本語や、竹トンボ作りを教えた。

わたしのお気に入りになったのは、バリのコーヒー。カップにコーヒー豆を挽《ひ》いてさじ1杯を入れ、お湯を注ぐ。粉が沈むのを待って上澄みを飲むのだが、これがおいしい。欲張ると粉まで口に入って、顔をしかめることになるので要注意だったが。

「うまい、うまい」と連発していたら、食事の世話係のおばあちゃんが、帰国前にコーヒー豆を煎《い》ってお土産に持たせてくれた。後日談だが、わたしはこれを石臼で挽いて、しばらくは二日酔いの朝に飲んでいた。しかもこのコーヒー豆、知人によるとジャコウネコに食べさせ、未消化の豆を糞《ふん》から取り出した最高級品だという。何ともびっくりした。

竹炭と稲刈り

さて初窯でどんな炭ができるか、成功するのか。火は焚いたが結果を見る前に、わたしが帰国する日になった。関西国際空港に降り立ったとき、現地に残った井岡さんから携帯に電話がかかってきた。

窯や排煙の様子を聴き取り、窯止めを指示。現地には荻原さんもまだ残っていたので、作業の手順は分かるはずだった。村を発《た》つ直前までの状況と電話の内容から、順調に炭化が進んだと推測できた。

空港の中で、わたしは炭窯造りを終えて無事帰国できた安心感と、ついにバリ島で最初の竹炭ができそうだという喜びに包まれた。それにしても、日本から遠い海の向こうへ携帯で作業指示ができるとは、すごい時代になったものだと感心した。

帰国した翌日、わたしは早朝に家を出て車で魚沼市へ向かった。大桃さんの古代米の初めての稲刈り日だったのだ。初秋の気持ちのいい青空が広がっていた。

春から有機栽培のための炭粉や木酢液、米糠などを届け、田植えを手伝い、わたしなりのアドバイスをしていたので、稲刈りにはぜひ駆けつけたかった。首にタオルを巻いた大桃さんを筆頭に、近所のおばさんたちや友人がたくさん集まり、取材陣も加わって今回も田んぼの周りはお祭り騒ぎだった。

最初は鎌を使ってみんなで手刈りし、藁《わら》で束ねてハサがけした。その後は新品の2条刈りコンバインで機械刈り。途中、昼どきに古代米のおにぎりや山菜料理が振る舞われ、青空の下で収穫が進んだ。

わたしは大桃さんに、初挑戦の古代米づくりが成功したお祝いを言い、バリ島の話をした。するど大桃さんは、黒色の古代米・アサムラサキについて言った。

「アサムラサキの原産地は、バリ島だということですよ」

意外なところで、またバリ島が出てきた。

窯止めから10日後、指示通り窯を開けたという電話が、バリ島の井岡さんから入った。初回にしては成功だった。焚き口近くの竹は灰になってしまったが、中ほどから竹炭ができ、マドラーなどに加工した竹もしっかり炭になっていた。奥の方は灰をかぶって真っ白だったが、灰の下から見事に黒い炭が現れて感動したという。窯本体にも、まったく損傷はないらしい。

「おめでとう」

わたしは大声で井岡さんに祝福を伝えながら、心の中で叫んでいた。

「頑張るぞ！。蛭谷の技が海外で活躍するのはこれからだ」

再びバリ島へ

お土産は初窯でできた竹炭だった。

バリ島の炭窯造りを要請した会社の代表取締役、杉山さんと、帰国した井岡さんが夢創塾を訪れた。竹炭は丸竹、割竹、マドラー用割竹とも硬くて、つやが出ている。叩くといい音がする上級品だった。わずかな日数だったが、わたしにとってはたくさんの思い出が詰まった、南半球から届いた炭だった。

気になったのは、竹の厚みが薄くなっていたこと。おそらく柔らかい竹なので収縮率が大きいのだと思われた。マドラーは想定していたよりやや細く、今後は収縮を考えた加工と焼き方が必要だった。

井岡さんから詳しい報告を聴くと、できた炭の量は100キロほど。窯の前部は灰になり、中ほどから炭になっていたが、一部折れていた。また「足」と呼ぶ、炭化していない部分が下部に5センチほど残ったが、奥に詰めた竹は全部いい炭になっていたという。ほぼわたしが想定していた範囲のことだった。ただ、窯の容量に対して炭が100キロというのはやや少ない。考えてみると、竹は中空のため、炭が通常の木より軽くなるのだと気づいた。

初回は窯造りで手一杯だったが、次は村の若者たちに炭焼きの技を伝授する必要があった。日程を打ち合わせ、11月に6日間、わたしがバリ島を再訪して指導することが決まった。

窯への竹の詰め方、加熱方法、焚き口止め、空気穴や排煙口の管理、窯止めなど、次回も紙に絵を描いて分かりやすい教科書を作り、徹底指導しようと決めた。わたしは元気な彼らと、また会えることが楽しみになってきた。

井岡さんにお願いして持参してもらったお土産が、このときもう一つあった。バリ島の古代米だ。黒米、赤米、黄米がそれぞれビニール袋に入っていた。どれも日本の米より小粒で、黒米は本当に真っ黒。赤米はピンクに近く、粒によって色にばらつきがある。黄米は白に黄色が混ざった感じだった。

バリ島に行ったときには、この生産地を訪ねてみたいものだと思った。

再訪は夜行寝台列車で東京へ行き、成田空港からのフライトになった。現地に着いた2日目から、若者たちを指導して炭窯に竹を搬入。昼に着火し、夕方に焚き口を塞いだ。炭化が進んだことを見極め、3日目の夕方には粘土で窯を密封、窯止めした。あとは何日かかけて、窯が常温まで冷めるのを待つだけである。

技術を習得し、経験を積めば失敗が減り、良質の竹炭がより多く作れる。細かい加工を施した竹も、灰になったり崩れたりしないはずだった。

窯を密封してからは、竹を加工する炭の工芸品制作も教えた。マドラーなどの実用品や炭の装飾品を作るため、小刀などで竹を細工するのだ。バリ島で大きな炭の需要を生み出すためには、単なる燃料用だけではない商品開発が必要だった。

若者たちへの指導が一段落すると、わたしは隣村にある小学校を訪れた。どこの国も、子どもたちは元気で、表情が輝いている。せっかくの機会なので、日本の子どもたちと交流しようという話が持ち上がった。言葉は違うが、絵は万国共通だ。わたしは子どもたちが描いた15枚の絵を託された。

また村のおばあちゃんが、普段から古代米の粥《かゆ》を食べていると知って訪ねた。おばあちゃんは「栄養があって、体にいい。幼児食としても大切な食べ物だ」と話した。栽培地を見学すると、かなり急な斜面にある棚田の、一番下に古代米が植えられている。上の田の肥料が最後に下に流れ込み、いい米になるとのことだった。

わたしにとって古代米は、母の死後、母が世話をしていた畑で栽培を始めた思い入れのある米だった。そのルーツを見たようで感慨深かった。

帰国後、わたしは小学校で託された絵を、地元のあさひ野小学校で披露した。バリ島の風景や動物、女性の民族衣装などが描かれている。次回はあさひ野小学校の児童の版画や書を届けることになり、新しい交流が始まった。

商品化を目指して

井岡さんはほぼバリ島に定住して、仕事の傍ら炭の商品開発に熱心に取り組んだ。質のいい竹炭生産のために、課題が見つかるとメールで問い合わせがきた。帰国するたびに夢創塾にやってきて現状を報告。わたしと炭の商品化について検討を繰り返した。

脱臭除湿剤として住宅向け商品にできないか。健康や美容素材として寝具、石鹸《せっけん》、浄水器に生かせないか。美術工芸品として用いることは可能か。花炭を焼く技を、若者たちに教えることもできるだろう。花炭に関しては、まず彼女自身が技術を学ぼうと、知人と一緒に泊まり込みで「炭焼き合宿」したほどだった。

炭窯が完成した翌年、わたしは3度目のバリ島訪問をした。このときは、直前に若者たちが焼いた竹炭を一つひとつ細かく講評。炭化が不十分、表面に滑らかな光沢がない、「足」が多すぎるなど、その理由と対策を図解しながら伝えた。

この滞在中に、2組の来客があった。1人は東京農大の同級生の八木君で、セレベス島に住みながら、マングローブの植林にこれから何年もかけて取り組もうとしていた。もう1組はインドネシア在住の日本人夫婦だった。ともに、自分たちも竹炭を作って地域の住民の役に立てられないかと、わざわざ見学に訪れたのだった。蛭谷の技が、海外で炭作りの輪を広げ始めたようだった。

村の小学校を再訪すると、校長や村長にも出迎えられて大歓迎を受けた。日本の子どもたちの作品に、あちこちで驚きの声が上がり、お土産の鉛筆や紙風船も喜ばれた。最後は「また来てください」の連呼になった。

いい炭を焼こうとする、井岡さんや村の若者たちの努力は続いた。やがてエステサロンの経営者が興味を示して竹炭を購入した。多様な商品開発を進め、購入先が広がれば、若者たちを正式雇用して売上からもっと賃金を支払うことができる。村の活性化に光が射《さ》し始めた。

玉虫色の光沢

失敗を繰り返した末に、お花炭を焼く技を習得した。しかし、お花炭の表面に玉虫色の輝きを与えることが、どうしてもできないでいた。炭焼きとしてのわたし自身の挑戦だった。

上質な黒炭の表面には、金属のような光沢が宿る。炭化の終わりに高温にさらす「練らし」を入れれば、光の加減で炭の表面が輝くような光沢を得ることは分かっていたが、柔らかくて繊細な植物を、窯木と同じように焼くわけにはいかなかった。

炭焼きを始めて15年が過ぎた平成21（2009）年9月、わたしは早朝から田んぼに出て、朝露に濡《ぬ》れたコシヒカリ20株を刈り取った。そのまま夢創塾に行き、稲穂を1本ごとに新聞紙にくるんだ。これを二つに束ね、それぞれ表と裏を板で保護し、さらにトタンで覆ってお花炭作りの準備を終えた。

炭窯に窯木を運び入れて、昼前に建て込みを完了。朝から準備した稲穂束を、奥の窯木の上にていねいに置いた。成功を祈って塩をまいた。焚き口に着火し、火に勢いがつくまでうちわであおぎ続けた。火力が出てきたところでいったん休憩。ようやく昼飯にありつき、午後4時ごろまで火の管理を続けた。

火力を確認してから、わたしは炭窯を離れてカシノナガキクイムシの被害で枯れた木の運搬に、林道をトラックで3往復した。広葉樹を枯らす害虫のカシナガ被害が、そのころ富山県の山々で急速に広がり、森林に深刻な打撃を与えていた。山の奥には伐採した枯れ木がまだ100本近く残っていて、どう運び出すか頭の痛いところだった。

日暮れ前に炭窯に戻り、煙突の排煙温度を測って驚いた。122度。通常82度で焚き口を塞ぐので、明らかに燃やし過ぎだった。即座に粘土で焚き口を閉じ、空気穴も小さめに締めた。この間20分余り。灼熱の過酷な作業になった。

翌朝、窯の覗《のぞ》き穴から中を見た。窯木はすべて紫色の炎に包まれ、炭化が進んでいることが確認できた。いや、よく観察すればすでに炭化から「練らし」に入っている気配だった。煙突から出る煙はほぼ無色。窯の中の温度を測ると900度近かった。

「しまった!」

わたしは瞬時に失敗を覚悟した。

窯止めのタイミングを明らかに過ぎていた。なぜこれほど早く炭化が進んだのか。あまりにも早すぎた。前日の燃やし過ぎのせいなのか。頭が混乱するまま、あわてて粘土で空気穴と煙突を塞いだ。高温になり過ぎて窯の天井に亀裂が入り、ガスが噴き出していた。割れ目に粘土を入れ、灰を溶かした水を塗ってこれも塞いだ。

ひと息ついて天井の表面温度を測ると153度で、過去に経験したことのない高温だった。土が膨張して割れるはずだった。わたしは暗い気持ちで、むしろ天井が落ちなかったことに感謝すべきだと思った。

窯止め5日後の9月23日。窯はゆっくり冷めて常温に戻っていた。密閉した焚き口の粘土を壊し、窯の中に入った。奥にセットした稲穂の半分は、一目見て崩れるか灰になっているのが分かったが、半分はなんとか形を留《とど》めていそうだった。

稲穂をくるんであった新聞紙が灰になっていて、慎重に取り除いた。すると灰の中から、玉虫色の光沢を持った黒いコシヒカリが現れたのである。


わたしの究極の挑戦は、さらに続いた。次はクモの巣を炭にすることだった。大きな巣を見つけると、そっと形を崩さないよう新聞紙に挟み、炭窯で焼いた。何度か失敗したが、2年目に成功。窯出しすると、クモの巣は黒い炭になっていた。玉虫色のお花炭とクモの巣は、念入りに額装してわたしの宝物になった。

キーパーソン

バリ島に炭窯を築いて6年が過ぎた平成25（2013）年10月、ジョージさんという髭《ひげ》の似合うフランス人が、夫婦で夢創塾を訪ねてきた。彼はバリ島の観光地の一つ、年間300万人の観光客でにぎわうウブドを拠点に、竹の繊維布を使ったTシャツなどの衣類製造会社を経営し、妻のマコさんは滋賀県出身の日本人だった。

日本は初めてというジョージさんは、夢創塾の自然体験施設に驚き、枝から吊《つ》るした大型ブランコやジップラインを子どものように楽しみ、自らナメコを採集した。夕食は夢創小屋で、わたしが手作りした「仙人料理」でもてなした。イノシシ肉の串焼き。これは夢創塾に仕掛けた獣害駆除の罠《わな》に入った。古代米粥、ナメコ料理3品、さらに山の幸の天ぷらなどのフルコースだ。

「まるで古い映画の世界にいるようだ」

ジョージさんはご満悦だったが、わたしが焼き上げた竹炭を見せると、表情が一気に引き締まった。もともとわたしが指導したとはいえ、バリ島で焼いた竹炭とは硬さも艶も違ったからだ。「どうして違いができるのか」と、熱心に質問をぶつけてきた。

そのころジョージさんは、キンブル村の炭窯で生産した竹炭の商品開発と販売を一手に担う、キーパーソンになっていた。上質紙を使った商品パンフレットの表紙には、赤い漢字で大きく「竹炭」と記され、開くと石鹸からペンダントまでさまざまな竹炭関連商品が並んでいた。どれにもびっしりと、英語で説明や効能が書いてある。

お土産にもらった竹炭のペンダントは、販売価格が日本円で4000円ほど。竹炭自体は5グラムにも満たないカケラである。他の商品も、インドネシアの市場を考えれば破格の価格設定に思えた。

「インドネシアにも、ヨーロッパにも、炭の文化はない。だから貴重品扱いができるのです」とジョージさんは説明した。あえて高価に価格設定することで、ビジネスを成立させている。商売に疎いわたしは驚くばかりでも、結果として村が潤っているならうれしい限りだった。

ジョージ、マコ夫妻が再び夢創塾を訪れたのは3年後、平成28（2016）5月だった。その少し前から、わたしはバリ島で2基目の炭窯造りを正式に要請されていた。かつて若者たちに炭窯造りを伝えてあり、図も残してきたので少し迷ったが、自分が75歳になった節目に新しい炭窯を造る決心をした。2人は、2号窯の事前打ち合わせで来訪した。

最初の炭窯は井岡さんらが資金提供し、炭窯を築いた土地の地主で、観光会社を経営する女性社長のアグン・プトゥリさんが共同オーナーだった。その後はプトゥリさんが単独オーナーになり、井岡さんと協力して竹炭による振興に努力してきた。

そこにジョージさんという強力なビジネスパートナーが現れ、今回はジョージさんが資金を出す。彼としては竹炭の生産量を上げて、ビジネスの拡大を図りたいのが意図だろう。そろそろ最初の炭窯は、老朽化が問題になるころでもあった。

場所は1号窯の東側で、同じサイズ。10日間の短期滞在になるので、工程表を作り、必要資材、労力を細かく書き出して打ち合わせた。作業期間は乾季を選び、わたしはスケジュール調整したが、相変わらず日程確保に苦労した。

2号炭窯完成

この年の2月にはグリーンツーリズムとやまの「農山漁村インターンシップ　再訪編」で、首都圏の大学生を受け入れていた。４月以降、アフリカ米Ｅ１１１の播種《はしゅ》や田植えがあり、今年度の小学生「風の道」森づくりが始まった。朝日町とふるさと体験推進協議会が誘致した、大阪・小坂中学校の体験型修学旅行を夢創塾で受け入れ、夜は我が家にも男子生徒５人が民泊した。ほかにも野外授業や会社の研修、林業体験などがめじろ押しで、第２の炭窯造りのためにバリ島に出発できたのは６月15日だった。

キンブル村訪問が度重なるにつれ、わたしは次第にバリ通になった。

村の生活は「バンジャール」と呼ばれる共同体の掟《おきて》と、イスラム教が浸透している。作業に入る前には、日本で言うところのお祓《はら》いや地鎮祭があり、作業の進行に伴う種々の儀式がある。２号窯造りを進めながら、わたしは村の祭りに正装して参加し、最前列で洗礼（のような儀式）を受けてお祈りした。

天井を上げてからひび割れができてひやりとしたが、表面だけだった。乾季だというのに、１度は大雨にたたられて大慌てもした。そんなハプニングはあったが、炭窯は５日で順調に完成した。天井が仕上がると、全員で「ラジャー」を繰り返した。

９年前の炭窯を調べると、どこにもクラックはなく、まだ数年は大丈夫そうでこれも村民に喜ばれた。竹炭生産は十数人の新たな雇用を生み出し、今や村の産業の核になっていたのだ。この間、フランス人記者が取材にきてインタビューを受けた。

2号炭窯は完成後すぐに乾燥させ、火入れを行って初窯で竹炭を焼いた。窯止めは、わたしの帰国直前だった。村の炭焼き職人たちは、新しい技を覚えようといつも真剣そのもの。炭窯が2つになって生産量が倍増すれば、さらに村が潤うのだった。

村に至る道路は未舗装のままだったが、バリ島では子どもから大人までバイクを上手に乗りこなし、あちこちに生活の進歩が見てとれた。有名ホテルのロビーに、竹炭を使ったカボチャの巨大オブジェが置いてあったのには驚いた。

加工品に使う竹炭は、臼に入れ杵で叩いて粉々に粉砕。これを袋に詰めて出荷し、さまざまな商品に使われていた。竹炭パン、竹炭クロワッサンが健康食として好評で、各種のジャムを付けて食べる。わたしの朝食もこれで、おかげで快便だったが便の色は黒くなった。

竹炭商品の店はバリ島に2店舗あり、ウブドの繁華街では炭粉、竹炭入り石鹸やシャンプーほか、ずらりと陳列してあった。店には東京出身の「ともみちゃん」という女性もいて、お客さんに炭の効用を一生懸命説明していた。炭作りの副産物である木酢、バリの場合は竹酢が芳香剤として商品化され、これも売れ行きがいいらしい。蛭谷の炭焼きの歴史が、海を渡って花を咲かせていた。

吉報相次ぐ

バリ島で竹炭生産が始まって11年、二つ目の炭窯が完成してさらに2年が過ぎた。

井岡さんから、久しぶりにメールが届いたのは平成30（2018）年の4月だった。キンブル村の炭焼きを担うプトゥリさんらに、政府から声がけがあり、チーム「TAKESUMI」としてバリ産品プロダクトのギャニャール県大会にエントリーした。会場で1週間の展示やインタビューを経て、見事に1位を獲得したのだ。

チーム「TAKESUMI」は8月のバリ州大会に進み、ここで2位に輝いた。写真を見ると、わたしもよく知る顔がトロフィーを授与され、笑顔で表彰状を掲げていた。わたしは自分のことのようにうれしく、また誇らしかった。

井岡さんからの吉報は翌年も続いた。プトゥリさんは「シルパカラ　ヌグラハ賞」を授与された。これは州政府が毎年、社会、経済、文化など各分野で貢献した人々を称《たた》える重みのある賞だった。書類選考の第一次、審査員団へのプレゼンテーションの第二次、最後にフィールド検証を経て受賞者が決定する。

プトゥリさんは地域の創造性を示し、イノベーションを起こしたとして、バリ州政府61周年記念式典の席上で、州知事からトロフィーを授与された。受賞理由にはこう記されていた。

「アグン・プトゥリによって行われた創造と革新は、2007年から始まった。竹から活性炭を製造、加工するビジネスである。この特殊な燃焼法で製造された竹炭は空気清浄、消臭剤、化粧品原料、食品混合物、医薬品などさまざまな製品に使用されている」

2020年に入り、わたしに受賞祝賀会への招待が届いた。井岡さん、プトゥリさん、村の若者たちと再会して心から祝福したかった。思い出を語り合いたかった。しかし、わたしは出席できなかった。すでに新型コロナウイルスが、世界中で猛威を振るっていたのだ。

最近、その新聞記事に目が止まったのは、見出しに「大桃美代子」の名前を見つけたからだ。富山県内の政治経済団体の会合に招待され、大桃さんが講演した。記事には講演要旨が付されていて、大桃さんは十数年前から古代米の栽培を始めたこと、そして「朝日町の長崎喜一さんに背中を押された」と話したらしい。今も古代米栽培を続け、収穫した米を「桃米」と名付けて販売しているという。最初の年の田植えと稲刈りを、わたしは懐かしく思い出した。

フジバカマとアサギマダラ　夢創塾で

第6章　受難と再生

夢創塾壊滅

平成29（２０１７）年10月22日、テレビは超大型で強い勢力を持った台風21号接近の情報を繰り返し流していた。進路予想によると、台風は翌23日未明に静岡県に上陸し、首都圏の真上を進んで太平洋に抜ける。強い勢力を維持したまま通過するため、広い範囲に影響が及ぶと警戒を呼びかけていた。

このとき、わたしにはほとんど危機感がなかった。夢創塾が暴風雨被害を受けることは日常茶飯事に近かった。広場の中央を流れる谷川は、裏山に堰堤《えんてい》があり、増水しても土砂の大半はそこで堰《せ》き止められる。それでも大きな濁流に見舞われると一部が堰堤を越え、近くに設けた取水口やパイプがしばしば埋まり、破損した。

夢創塾は谷川に取水口を設けて別流を作り、水車の動力にし、イワナとカモ池へ水を供給し、またパイプをつないで生活用水にしていた。被害が出るたびに独力でこれらの復旧を繰り返し、いわば災害慣れしていたのだ。しかも今回の台風の進路は、山の向こうの関東地方だったことから、特別な危機感を持っていなかった。

真夜中、わたしは自宅の布団の中で強い雨と風の音を聞きながら、「また取水口がやられるな」と考えていた。翌朝は目が覚めるとすぐに、車で小川の対岸の道を走った。夢創塾の全景を見渡すには、川向こうの県道が一番だったからだ。

車を停めて、わたしは息を飲んだ。

対岸から見る夢創塾は数百メートル離れているので、細部は分からないが、かなりの土砂が全体を覆っていた。夢創塾へ通じる川沿いの林道も、土砂崩れで何カ所か寸断されているのが見えた。普段なら河原を横切って歩いて渡れる小川は、濁流がうねり狂い、光景が一変していた。

「いつもと違う…」

家にとって返し、妻ににぎり飯を作ってもらった。何とか夢創塾に向かうしかない。小降りになったが雨はまだ降り続いていて、心配した妻から何度も「やめられ」と言われても、耳に入らなかった。

わたしの頭にあったのは、生き物たちの命だった。暴風雨と土砂に襲われて、2匹のヤギは大丈夫なのか。いや、生きているのか。カモ池にはアイガモたちがいたし、もう一つの池には20匹のイワナが泳いでいた。イワナは体長が75センチほどになっていて、これを1メートルの巨大イワナに育ててみんなを驚かせようと楽しみにしていた。

わたしは長い棒を1本持ち、これを頼りに林道を進んだ。所々斜面から濁流が道を覆って流れ、水の深さや路面が分からない。棒で突っついて確認しながら進んだ。何十メートルにもわたって土砂に覆われ遮断された地点は、大回りして歩けるルートを探した。新たな土砂が崩れてこないかと怖かった。冷静に考えれば二次災害の危険もあったのだが、それ以上にわたしは必死だった。

2・5キロの道を2時間以上かけて歩き、昼過ぎにようやく夢創塾の広場の入り口にたどり着いた。そしてわたしはぼう然とした。

広場全体にヘドロのような土砂が押し寄せ、裏山に近い水車小屋と水車は下半分が埋まっていた。小型水車は流失し、カモ池やイワナ池は跡形もない。谷沿いの山崩れで、鉄砲水のような土砂が押し寄せたのだ。

「夢創塾はこれで終わりだ…」

目の前に広がる光景に、わたしは心の芯が折れてしまった。夢中になって、一つひとつ築いてきたものが土砂に埋まっていた。柿ノ木谷の棚田跡に最初の小屋を建ててから、25年近くが過ぎていた。自分の活動はついに終わったと、立ち尽くしてぼう然とするしかなかった。

ヤギ小屋は深さ20センチほどのヘドロが押し寄せていたが、建物は無事だった。中で、2匹が泥だらけになって右往左往していた。

「ああ、生きとったなあ」

ヤギたちはわたしを見てすり寄ってきた。ヘドロの中で頭をなでてやった。掌《てのひら》から2匹の体の震えが伝わってきた。怖かったのだろう。少し安心したのか、今度はわたしの手の甲をぺろぺろ舐《な》め続けて、逆にわたしを慰めてくれているようだった。

台風21号は全国で死者8人、負傷者215人を出し、河川の氾濫や土砂災害で甚大な被害をもたらした。進路から外れた富山県にも暴風雨が襲いかかり、宇奈月の24時間降水量234ミリ、南砺市五箇山242ミリ、朝日町184・5ミリなど主に山間部で、統計を取り始めて以降の10月の最高雨量を更新した。朝日町では22日深夜の1時間降水量が30・5ミリに達し、これも10月の観測史上最高だった。

夢創塾は水車小屋半壊、水車本体が半分埋まり、小型水車流失、伝承小屋、休憩小屋、納屋などへ深さ数十センチの土砂が押し寄せてヘドロが流入した。小屋にあった林業や体験学習の装備、道具類のほか、塩漬けにした山菜などの保存樽《だる》も大部分がヘドロに浸《つ》かった。カモ池、イワナ水槽、屋外の囲炉裏《いろり》施設その他が消失して位置確認も不可能。導水パイプ5系統が全滅。大切にしていたシイタケやナメコの原木百数十本も流されるなど、被害を挙げればきりがなかった。

広場を覆った土砂とヘドロは、大型重機がなければ撤去は無理だった。わたしは農業土木の専門家なので、復旧するにはどんなことが必要か具体的な見当がつく。つまり、個人にとってそれがいかに困難かが分かる。最初に建てた夢創小屋はヘドロの深さが15センチと浅く、床上に達していなかったので、これだけは一人でも復旧できそうだった。

また夢創塾へ通じる林道は4カ場が埋没。最大被害地点は延長50メートル、高さ3メートルの土砂に埋まっていて、開通するまでは車はもちろん、徒歩でのアクセスにも難渋する。

ヤギの餌としてストックしていた野菜くずも流された。たまたま高台に置いてあって無事だったおからをヤギに与え、わたしは暗くなる前に帰路についた。その日の夜、ブログとフェイスブックで台風被害を報告して、最後にこう書いた。

「自然の猛威にただただぼう然」

助っ人

2日目の朝、電話が鳴った。

「行きます」

朝日町の地域おこし協力隊員、横山理恵さんだった。横山さんは帰農塾に参加したことをきっかけに、夫の豊さんと夫婦で数年前に東京から移住してきた。以来、2人は夢創塾の活動にさまざまに加わり、支援してくれていた。

横山さんを含めた町の協力隊員3人が応援に駆けつけ、まず土砂に埋まった水車の掘り出しにかかった。水車と水車小屋の間の狭い空間で、身をよじりながらのかき出しはきつくて困難を極めた。

水車から始めたのは、被害が最も大きい施設だったこともあるが、再び水車が回ることで、泥だらけの光景の中に活気が生まれると思ったからだった。ヤギ小屋のヘドロのかき出しも優先した。土砂災害に巻き込まれて生き延びた2匹である。夢創塾にたどり着くと毎日、小屋から顔を出して餌をねだった。

大変なのは、泥水のような土砂がスコップから流れ出て乗りづらいことだった。バケツを併用しての排除になるが、そもそも周り中が泥だらけなので棄《す》てる場所にも困る。昼食を挟んで休憩なし。慣れない土木作業で、協力隊員たちは大変だろうが頑張ってくれた。半壊の水車小屋から、泥に埋まったジップラインの道具、スノーシューズなど冬季用具一式を取り出し、水洗いして天日干し。まだ大量の林業用機材や工具は泥の中だった。

3日目も協力隊員の支援を得て泥のかき出し。するとスコップで掬《すく》う土砂の中から、小さな生き物たちが出てきた。サンショウウオ、ガマガエル、沢ガニ。捕まえて、上流の水場に放してやった。みんな災害時のヘドロの中で生き延びていたのだ。

4日目。福井から〈斉藤さん〉が車で駆けつけてくれた。斉藤さんは未知の人で、もちろん初対面。わたしのフェイスブックで被災を知り、やって来たという。わたしは驚き、感謝した。〈斉藤さん〉は詳しく自らを語らないまま、協力隊員と一緒に水車小屋の破損箇所の撤去や屋内の汚泥排除を手伝ってくれた。床上浸水のない夢創小屋に泊まり込み、3日間にわたってボランティアで活動した。

またこの4日目、わたしは横山さんらから富山県内の協力隊員を動員する復旧支援計画案を打診された。協力隊は、正式には総務省が制度化している「地域おこし協力隊」の隊員たちである。これは三大都市圏から地方への移住を支援する制度で、応募者は一定の任用期間の間、地方に暮らして地域起こしや農林水産業などに従事する。実際の募集は地方の市町村が行い、協力隊員に対して報償費や活動費などを支給する。

富山県でも10以上の市と町がこの制度を導入し、50～60人ほどが活動していた。協力隊員は独自の県内ネットワークを作っていて、彼らに広く声掛けして夢創塾の復旧を支援するという計画だった。

わたしはありがたく提案を受けることにした。一方で、心の内には「これで後へ引けなくなるぞ。本当にいいのか」との思いが同時にあった。夢創塾は終わったのだと、一度折れてしまった気持ちを、まだ立て直せないままだったのだ。再興に自信が持てなくても、大きな支援を受けるとなれば、否応《いやおう》なく全面復旧と活動再開を目指すしかない。

支援を受けながら、水車と水車小屋を中心に土砂の排出は進んだ。休日には旧知の町役場職員が応援に来た。小矢部市からは協力隊員が仲間４人を連れて、手作り笹寿司《ささずし》のお土産まで持ってやって来てくれた。

作業は黙々と屋内の土砂をスコップで掘り、屋外へ排出する繰り返しだった。小屋の中は床底が見え始めても、外の周囲にはまだ１・５メートルの土砂があった。大小の石や、持ち上げることもできない岩がごろごろ交じっている。

広場のヘドロは日が過ぎるにつれ、水がはけて乾燥するようになると浅くなった。ところが雨が降れば、再びどろどろに膨らんで歩くにも難渋した。こうした日々の連続は体にこたえる一方で、楽しいこともいくつかあった。

作業の合間を縫って、和紙作りの材料であるトロロアオイを収穫した。約200株、20キロを掘って水洗いするのに何時間もかかったが、放っておけば腐る。小学校の子どもたちが卒業記念に揮毫《きごう》する和紙の、紙漉《す》きができなくなってしまうのだ。児童は思いを込めて言葉を筆でしたため、軸装して一生の思い出にする。わたしが災害に遭ったからといって、中止にはできない。

トロロアオイを水洗いをしていると、若い協力隊員が珍しそうに問いかけた。

「それ、朝鮮人参ですか」

「えー、なんだと！」

わたしは思わず破顔し、和紙作りの解説かたがた、しばし若者たちと雑談にふけった。

また地元ケーブルテレビ局の田村早樹子アナの一行が取材に来訪。長靴に軍手姿で協力隊員たちと土木作業に加わり、泥と岩を掘って一輪車で運んでくれた。寡黙になりがちな手作業の現場に、元気なレポーターの声が響くと会話が生まれる。後日、この様子を収録した番組が流れて町の多くの人に現状が伝わった。

なぜか害獣駆除に仕掛けてある檻《おり》に、イノシシがよく入った。山の中の環境が一時的に激変したからだろうか。ときには解体して味噌《みそ》を付けて炭火で焼き、イノシシ肉の昼食になった。物珍しさもあったのだろう。豪快な料理に「おいしい」と、みんながかぶりついた。

夢創塾への林道の管理者は町だ。台風の20日後、林道に2台の大型ショベルカーが入って、夕方には暫定的に車の通行が可能になった。山からの水流が変わっていて、一部の路面は水浸しのままで、さらに新たな排水路作りが必要だったが、かろうじて車が通れるようになったことは大きかった。それまでは時間をかけ、歩いて往復していたのだ。トタンなどの仮復旧資材を担いだり一輪車に乗せたりして、わたしと協力隊員たちは毎日、林道をうず高く覆う土砂を乗り越えていた。

林道に重機が入った日、わたしはあさひ野小学校に行っていた。6年生が卒業記念作品にする掛け軸のための、和紙作りの準備だった。子どもたちとコウゾのきずを取り、石板の上で紙叩《たた》きをし、最後は念入りに大型ミキサーで綿状に砕いた。

「ああ、よかった…」

子どもたちの作業が終わって、わたしはほっとした。砕いたコウゾを水に溶かし、トロロアオイを加えれば、これでいつでも紙漉きができる。夢創塾は壊滅状態でも「自分紙」作りは中断しなくていい。昼は子どもたちに招待され、学校で給食のタラ汁をご馳走《ちそう》になった。

3週目に入った11月12日、ようやく水車小屋の掘り出しが終わった。地域おこし隊員7人と力を合わせ、小屋周りを覆っていた最後の土砂を排除し、ハイタッチと握手で祝った。作業に慣れてくると、協力隊員たちの若いパワーと連携が噛《か》み合い、一気に土砂排除が進み始めたのだ。

昼食にと小矢部の隊員が全員分のラーメンと具を持参。休憩時には女性隊員がおいしい熱々のコーヒーを用意していた。他の小屋の掘り出しはこれからだったが、水車小屋はこれで修復に入ることが可能になった。

一方で林道は排水が進まず、あちこちの路面に水たまりができていたが、車の通行が可能になったことで一気に人がやってきた。

ヘドロ運搬にと、バケツを装備したトラクターで馳《は》せ参じてくれた友人。建築資材に加え、お菓子と飲み物を届けてくれた人。炭の原木流出を知って、切り揃《そろ》えた原木を届けにやって来た知人もいた。協力隊員をはじめとして、わたしは多くの支援にただ感謝するしかなかった。

さらにこの週、わたしは水車小屋周辺を中心に、夢創塾の土砂処理に大型重機を投入した。人力に比べて、その威力はすごいに尽きた。各小屋内に流入したヘドロに関しては、人力で排除を続け、破損修理するしかないが、広場全体が重機の力で広々とし、明るくなったように思えた。

夢創塾の復旧は急ピッチで進みつつあった。わたしは元気をもらい、頑張ろうと自分を励まし続けた。しかし、仮に施設が復旧しても、以前のような熱意で活動を再開できるだろうかという不安と災害ショックは、まだ心の奥底で尾を引いていた。そんなわたしの背中を、最後に押してくれたのは一人の若い女性だった。

卒業生

12月に入り、ケーブルテレビ局の番組が流れ始めて間もないころだった。〈川上さん〉という女性が、友人を連れて夢創塾にやって来た。土砂災害のことを知って復旧ボランティアを思い立ち、防寒作業着姿におやつ持参での来訪だった。

福井の〈斉藤さん〉がそうだったように、わたしはてっきり初対面だと思っていた。ところが話を聞くと、13年前に南保小学校を卒業したという。すでに廃校になった南保小学校は当時、卒業証書の台紙になる和紙作りを行なっていた。〈川上さん〉は小学生時代、何度も夢創塾に来て自然体験を楽しみ、冬に紙漉きをした。ここは思い出がたくさん詰まった場所だったのだ。言葉からは、復旧の力になりたいという意気込みが伝わってきた。

わたしは驚き、一瞬胸が詰まった。よく見れば、丸顔のかわいい小学生の顔が何となく思い浮かぶ。

〈川上さん〉と友人は午前中、協力隊員と一緒に伝承小屋裏側の土砂排除を担当した。午後はわたしと一緒に、包丁でコウゾの表皮や汚れを取り除く「たくり」を手伝ってもらった。小学生のとき、一度は体験した作業である。包丁を使いながら、わたしたちは当時を回想してさまざまに語り合った。

その翌々日、集落にある蛭谷《びるだん》自治会館に、あさひ野小学校6年生の15人がやって来た。今年もコウゾの育成から始め、先月はきずを取り、紙叩きをして「自分紙」作りを進めてきた。いよいよ紙を漉く日だ。

例年なら、紙漉きは夢創塾で行なっていた。夢創塾は土砂災害に遭ったが、幸いなことにその半年前の平成29（2017）年3月、蛭谷和紙伝承協議会が発足し、活動拠点である自治会館に和紙作りの道具をそろえたところだった。子どもたちはその新しい用具を使って思い出作りをした。

真剣に紙を漉き、仕上がると笑顔がこぼれた。これから一人ひとりが、漉き上げた紙にどんな字句を選んで揮毫するのか、わたしは楽しみだった。「挑戦」「思いやり」「信念」など、毎年の卒業式に掛け軸は展示される。その1枚の和紙を作るために、春から始まった体験プロセスはいつか人生に役立つだろう。

そして夢創塾を思い出して駆けつけてくれた〈川上さん〉のような人が、一人でも増えたならそんなうれしいことはないと思った。

和紙文化の行方

かつて和紙生産で知られた蛭谷は、伝統工芸士の米丘寅吉《よねおかとらきち》さんが平成21（2009）年に亡くなったことで、技を伝える職人が地元にいなくなった。

米丘さんは若いころ、炭焼きを生業《なりわい》にしていた。わたしが最初の花炭窯を造ったときには、米丘さんから天井の作り方や煙突の位置について丁寧に教えてもらった。さらに炭の焼き方や「練らし」についてアドバイスをもらい、バリ島に炭窯を造る際には土質について判断を仰いだことはこれまでにも記した。

やまびこの郷ができると会員になって、米丘さんは再び炭を焼いたが、当時の本業は和紙を漉く職人だった。奥さんが蛭谷和紙の再興を図り、死後は米丘さんが妻の遺志を継いでいた。わたしが小学生の体験学習で和紙作りを始めると、今度は紙漉きなどの技を米丘さんから教わった。

和紙作りに欠かせないトロロアオイは長く自家栽培しているが、これも元になった種は二十数年前に米丘さんからもらった。近年は自家用の余剰分を、県和紙協議会へ提供している。全国的にトロロアオイの栽培農家が激減し、入手が難しくなっているためだ。

蛭谷和紙の伝統は現在、小学生が1年をかけて自分紙を作る形で残り、わたしも和紙を漉くが専業の職人ではない。地域文化の継承が危うくなっていた。危機感ではなく、危機だった。夢創塾は1晩の台風で壊滅的な被害を受けたが、和紙作りや炭焼きを始めとした地域文化は、長い歳月をかけて受難の中にあり、ついに断絶に瀕《ひん》していた。

わたしは集落の衰退と蛭谷和紙の消滅に耐えがたく、知人たちに呼びかけた。こうして、台風被害の少し前に設立していたのが、蛭谷和紙伝承協議会だった。

昔、家で和紙作りをしていた同級生など十数人に声をかけ、まず協議会の準備委員会を立ち上げた。町が国の交付金で始める「ブランドづくりプロジェクト」に、わたしたちの蛭谷和紙を継承しようとする取り組みが選ばれ、自治会館の1室を活動拠点にすることが決定。元は住民の健康診療室だった広い部屋で、廃止後は物置になっていた。そこに紙漉きなど和紙作りの道具を集めて作業場にした。

道具類は集落の家々の納屋に眠っていたが、肝心の「漉き舟」がない。わたしは夢創塾で使っている小型の舟をモデルに、大型の舟と受け台、さらに攪拌《かくはん》機、脱水器具などを設計して、舟は塾生の大森裕一さんに製作を依頼した。紙の大きさに合わせた「簀桁《すげた》」なども発注し、残りの器具はこつこつ自作した。

古い道具を一つひとつ観察すると、どれを作るにも技を凝らしてある。できあがった紙だけではなく、これらを含めた全体が地域文化なのだと思う。自治会館に集められた古い漉き枠、簀、簀を収める竹筒、切り版、杵《きね》などは、和紙で栄えた時代を伝える民俗遺産だった。

伝承協議会の発足が報道や口コミで知られると、興味を持った画家や現代アートの作家が自治会館の作業場を訪れた。自ら紙漉きを体験したり、特別な紙を注文したりした。また町の特産品販売所に和紙を置くと人気商品になった。

伝承協議会は、和紙作りの後継者を育成することが究極の目標だった。しかし今の蛭谷に、先人のような技を持つ人はいない。わたしたちは越中和紙の産地の一つである富山市八尾の紙工芸館「桂樹舎」を訪ね、紙の歴史や工芸品について研修し、紙漉きの現場を見学した。職人の手さばきは見事で、感動すら覚えた。わたしも老体に鞭《むち》打ち、もっと職人技に近づきたいと思った。

一方で、古い伝統を守るだけでは展望が開けない。時代に合わせた新しさを加えてこそ、和紙文化は継承できる。伝承協議会の発足に前後して、わたしは「紅花紙」や「藍和紙」を漉くようになり、また以前から「天空紙」と名付けた独自の紙を漉いていた。加えて近年に成功したのが「雲龍紙《うんりゅう》」だった。

紅花紙は、コウゾの白皮を2、3日ベニバナに漬け、染めてピンク色にする。叩いて繊維をほぐし、これを漉き舟の中で通常のコウゾの繊維に混ぜる。色の濃さは混ぜる分量を加減して決めた。桜色の和紙は繊維を直接染めているので色落ちしない。柔らかく奥行きのある味わいで、画仙紙や春のはがき用紙、女性の名刺にもぴったりだろう。

完成させるまで、和紙に関心を持つ女性画家に協力を求めて、コウゾを染める方法や色具合を試行錯誤した。画家自身も紙漉きに挑み、画仙紙として使用。その後中国人の商社マンがこの紙を気に入り、万単位の注文が入ったことがあった。残念ながら、伝承協議会にそれほどの量を生産する能力はあるはずもなく、断るしかなかった。追い風が吹いても乗ることができない、零細な伝統文化の実情である。

同じように青い藍で染めたコウゾを漉き込むのが藍和紙で、ほんの少量を混ぜるだけで全体が空色になった。藍染めされた繊維が際立って独特の模様と清涼感が生まれる。

以前から作っていた天空紙は、スギの大木から落下したムササビの巣を拾ったのが最初だった。巣はムササビが集めた細かいスギ皮でできている。これを繊維に砕いて和紙に漉き混むことを思いついた。木槌《づち》で叩いて徹底的にほぐし、コウゾに混ぜる。通常のコウゾに対して50分の1から70分の1程度入れるとスギ皮の薄い茶色が生き、細かい繊維や斑点が1枚ごとに異なる模様を描く

ムササビは自由に空を翔《か》け、また拾った巣が天からの贈り物に思えたので天空紙と命名した。わたしにぴったりの、森の和紙だ。馴染《なじ》みやすい色と風合いなので、壁紙や名刺に適している。一時は隣町の入善町舟見で開かれる伝統の七夕祭りに、願い事を記す短冊として提供して大好評だった。

紅花紙を量産するにはベニバナ、藍和紙には藍が必要で、天空紙はムササビの巣を森で探さねばならない。人工合成した染料を購入するのは簡単だが、自然からの手作りに意味があ

るので、わたしは必要な植物は栽培を始めた。コウゾに関しても、山に自生種がたくさんあるのでずっとそれを刈り取っていたが、伝承協議会発足後は栽培畑を整えた。

雲龍紙は、向こうが透けるほどの超薄紙である。一般的に、和紙は厚みがあってその素朴な味わいが魅力になっている。ところが十数年前に高知県を訪れたとき、常識を覆す極めて薄い和紙を見てわたしは大変驚いた。以来、何とか自分でも漉けないかといろいろ挑戦してきたが、失敗の連続だった。

令和2（2020）年3月上旬、わたしは前日に続いて紙を漉いていた。紅花紙作りを終え、次は天空紙の準備をしようと、漉き舟の水に残ったコウゾを掬い取っていた。その時ふと、捨ててしまうような、コウゾ濃度が極めて低い水なら薄紙になると直感した。すぐに目の細かい簀と枠を用意して漉いてみた。

「やった」

薄く、きめの細かい紙が漉きあがった。しかし課題はまだあった。これまでもある程度薄い紙はできたが、乾燥させる手法や、薄紙を痛めずに剝ぎ取る技が分からず、苦い失敗を繰り返していた。

わたしは超薄紙を紙床布にていねいに移し、布ごと乾燥機に張った。さらに裏表を木綿布で覆ってローラーで圧縮。こうしてしっかり水分を取り、紙を平面化する。最後の紙床布から剝がす作業もうまくいった。出来上がった紙を見つめ、かざしてみた。コウゾの濃淡が少なく均一で、しかも向こうが透けて見える超薄紙作りに成功した瞬間だった。

その後の繰り返しで分かったのは、コウゾ量を通常の15分の1から20分の1で漉き上げればよく、紙の厚さは通常の10分の1の0・01ミリ前後になること。相変わらずの課題は最後の剝がしで、新聞紙サイズの紙なら2、3時間かかる。指先の感覚と、息をつめるような集中力だけが頼りだ。

本のページに重ねると紙越しに文字が読める薄さでも、和紙なので強い。用途は古文書の修復材などいろいろ考えられ、わたしが思いもつかない使い方がもっとあるだろうが、大量生産は無理だ。

わたしは十数年かけてようやく成功した天にも昇る思いと、軽く半透明なことから雲を連想し、雲龍紙と命名した。製法は個人の試行錯誤の結果なので、他にもいい方法があるかもしれない。またわたしの紙とは別に、福井県には紙の模様から名付けた雲龍紙があるらしい。

25周年

夢創塾に誕生日のような開設記念日があるとすれば、6月6日と決めている。これは最初に手作りした小屋の基礎部分が完成し、いよいよ本体を建て始めたのが平成6（1994）年6月6日だったからだ。かつて、10周年の節目には「ふるさとの技を楽しむ集い」を開き、その場で「郷インあさひグリーンツーリズム」の発足を仲間と発表した。それからまた15年が過ぎた。台風被害の復旧もかなり進み、年号が平成から令和に改まった２０１９年6月8日、記念日より2日遅れで「夢創塾25周年記念体験会」を開いた。わたしの心の中では、夢創塾に加えて父の三十三回忌、母の死から21年、さらに数え年で80になった自分の傘寿を併せて記念する、ささやかな催しだった。

あいにくの雨の中、親しい地元住民や地域おこし協力隊員ら二十数人が集まってくれた。わたしは「夢創りの経過」として四半世紀の歩みを報告した。最初の丸太小屋に始まり、和紙小屋、伝承小屋、休憩小屋、合掌小屋、水車小屋が建ち、炭窯は四つに増え、イワナやアイガモ池を造成し、大地山登山道も拓《ひら》いた。たくさんの人と交流できたのは、すべて協力してくれる仲間あってのことだった。

続いて参加者一人ひとりが自己紹介とともに、お祝いと激励の言葉を述べてくれた。身近な仲間内の言葉なので飾りがなく、心に温かく残った。後は餅つきやバタバタ茶会、和紙作り体験だった。この年は、蛭谷和紙伝承協議会は立ち上げから3年目に入り、アフリカのルワンダでE１１１の水稲試験栽培が成功し、バリ島ではプトゥリさんが、炭による地域振興が認められて賞を授けられた年だった。

「次の5年、30周年まで頑張ろう」

記念体験会を終えて、わたしはそう決意した。やがて「次の5年」が始まると、わたしの人生に新しい扉を開いてくれたのは、愛らしい蝶《チョウ》の群れだった。

蝶を愛する人

わたしの山友達に、藤條好夫さんがいる。彼は以前から、蝶を捕獲しようとしばしば夢創塾にやってきた。大きな網で狙うのはアサギマダラという蝶のみで、捕まえると何やら翅《はね》に書き込み、また放す。周囲の山に、その蝶が好むヨツバヒヨドリという山野草が自生していて、さらに蝶が長距離移動する線上に夢創塾は位置しているらしかった。

「大人のくせに、いつも蝶々を捕まえているなんて…」

わたしはずっとその程度の認識で、長年にわたる彼の熱中ぶりが不思議でもあった。藤條さんから突然のお願いをされたのは、令和２（２０２０）年の秋だった。

「フジバカマを植えさせてもらえんけ」

「えー。なに、それ？」

聞けば、秋の七草の一つであるフジバカマは絶滅危惧種であり、花の蜜を吸いにアサギマダラが集まってくるという。夢創塾の周辺に自生するヨツバヒヨドリは、フジバカマに近い仲間の植物だったため、しばしば空を舞うアサギマダラの姿があったのだ。

わたしは藤條さんから、無数の蝶がフジバカマに集まり、群舞する写真を示された。その光景を夢創塾にオーバーラップさせてみた。「まるで天国みたいになるではないか」と唸《うな》った。フジバカマが絶滅危惧種の草花であるのなら、絶やしてはならないとも思った。さらに、アサギマダラという蝶について詳しく知ると、わたしはすっかり魅せられてしまった。

アサギマダラは、別名「旅する蝶」。薄い青緑色＝和名は浅葱《あさぎ》色＝のまだら模様をした翅を広げると、10センチ前後になる大型の蝶で、細かく羽ばたかずにふわりふわりと飛ぶ。人をあまり恐れないため、服や帽子にとまることさえあるという。春から夏にかけて南から北へ、秋は北から南へと、日本列島を縦断して海を越え、沖縄や台湾、さらに香港まで二千数百キロを移動した個体も確認されている。

その生態は長く謎に包まれていた。地域によっては卵や幼虫はあまり見られないのに、突然、成虫の蝶が大量に現れ、また急にいなくなる。一つの地に定着していないことが想像された。１９８０年代前半から研究者や愛好家によって、翅に油性ペンで日時や場所を記号でマーキングし、捕獲した個体にマーキングがあれば報告する調査が始まった。これが海外にも広まったことで次第に実態が明らかになってきたが、体重０・５グラムに満たない蝶がこれほど長距離の渡りをしていたとは、当初はだれも考えていなかった。

ふわふわ飛んで風に乗るにしても、都合のいい風向きばかりとは限らないだろう。長い洋上では休まないのか。蜜も吸えずに、小さな命のどこにそんなエネルギーがあるのか。渡りの実態が見えてくるにつれ、アサギマダラは「不思議」が増えていく。藤條さんが行なっていたのは、このマーキング調査だった。

「フジバカマはどこでも育つよ」

藤條さんはそう言ったが、植物栽培に関しては野菜や米などを通してわたしにも経験とこだわりがある。

「楽はだめだ。栽培はそんなもんじゃない」

わたしはまず合掌小屋の隣にフジバカマ園を造成することにした。荒地を掘り起こしてみると、砂地に近い土壌で肥料分に乏しい。2日間かけて軽トラで山の土を10回運び込み、ヤギの糞《ふん》をすき込んで土壌改良。重労働だったが、アサギマダラが乱舞する翌年の光景を思い描くとわくわくした。

造成地を区割りし、藤條さんとフジバカマ130株を植えた。苗は主に藤條さんが育てたフジバカマ群生地から移植した。後に、わたしはやや後悔することになる。藤條さんが言った通り、フジバカマは想像以上に繁殖力が旺盛だった。肥料たっぷりの土壌で株が太り、過密になり過ぎて病気と防除に苦労することになったのだ。

翌年夏の終わりごろ、世話をしたかいがあって、夢創塾にフジバカマが一斉に咲き始めた。周辺に甘い香りが漂い、ハチや蝶たちがひっきりなしに飛来した。蜜あさりで、ちょっとした繁盛ぶりである。アサギマダラの姿はまだなかった。

飛来

9月13日は週明けの月曜だった。朝から収穫したオクラを出荷し、病院で検診を受けた。地元の水道組合に立ち寄り、さらにJICA農業研修の教本についての打ち合わせがあって魚津市まで出かけた。帰宅したのは午後3時ごろ。ようやく夢創塾へ行くことができた。満開になったフジバカマの前で、わたしは立ち尽くした。

まるで、雪が舞っているような光景だった。

裏山からおびただしい蝶が、ひらひら舞い降り続けていた。アサギマダラだった。藤條さんに見せてもらった極楽のような写真の光景が、いま目の前にあったのだ。

「やった…」

われに返ると、わたしはタモ網を取りに小屋へ走り、捕獲を始めた。最初は1頭捕まえるごとに油性ペンでマーキングして放していたが、どうにも効率が悪い。何頭も入るまで網を振るい、まとめてマーキングし始めた。80歳のじいさんが、蝶を追って子どものように飛び回り続けた。昆虫採集は、男の子の遊びの定番である。子どものころから、捕まえるこつは身に付いていた。

1時間ほどで、アサギマダラは一斉に山へ帰って行った。目の前が急に静かになると、わたしは脱力し、待ち望んでいた夢の世界が現れたことに心が充《み》たされた。この日捕獲、マーキングしたのは86頭。そのうち2頭は直接、手で捕まえた。人を恐れないというのは本当だった。ちなみに蝶を数えるとき、正式には「頭」を使う。何だかしっくりこないけれど。半月後、藤條さんから連絡があった。わたしが13日にマーキングした個体が、28日に京都で確認されたのだ。15日間で約300キロを飛んでいた。1日20キロのペースで南下したことになる。確認後に放され、また旅を続けただろう。「もっともっと、九州や海の向こうまで飛んでほしい。できるなら自分も一緒に旅したい」と思うと、がぜん元気がわいてきた。

コロナ禍の拡大以降、自然体験や大地山登山をしようと夢創塾にやってくる人は年間4、500人で、以前の3分の1以下に激減していた。アフリカ米E111を試験栽培するルワンダへの視察が中止になり、バリ島の受賞祝賀会出席も断念するなど、新型コロナはわたしにも大きな影響をもたらした。

一方で、てんてこ舞いの毎日から解放されてもいた。棚田跡の柿ノ木谷に最初の小屋を手作りしたとき、わたしが思い描いていたのは、悠々自適の仙人生活だった。ところが炭焼きを始め、自然体験学校を開き、アフリカやバリ島へ飛び、現代の仙人は休む間もない日々へ自分を駆り立てて、あるいは駆り立てられて、長い歳月を過ごすことになった。

少し静かになった夢創塾で、老朽化していた小屋群を補修し、和紙作りや炭焼きに集中し、アサギマダラの「旅の宿」作りに精を出した。そして、自分のこれまでの歩みを、ゆっくり振り返る時間を持つことができた。わたしは人生の終わりに向かう終活と、夢創塾のこれからについて考えなければならなかった。

アサギマダラはその後も群れで姿を見せ、わたしは捕獲とマーキングを続けた。すると飛来を知り、観察や捕獲調査にやって来る人が増え始めた。「旅する蝶」は、新しい出会いも運んできたのである。

アサギマダラが大量飛来した翌10月の後半、さみさと小学校6年生が2日間にわたってバス2台で夢創塾にやってきた。二十数年前から続く自然体験学習だ。

さっそく森に入り、リスに食われる前にクルミ拾いだった。次は各自が里芋2個を谷川から引いた水場で洗い、鍋で塩茹《ゆ》でした。おやつに熱々の芋を頬張って、「うまーい」を連発。続いて、ヒスイ海岸で汲《く》んだ海水からの塩作り。事前に、自前の炭火で海水を煮詰めてあり、これを袋に入れて叩き、ニガリ取りをした。乾燥した塩は子どもたちが臼を回して細粒化し、袋に入れて体験学習のお土産になった。

午後は薪《まき》割り体験と自由行動。大木から吊《つる》したブランコや堰堤《えんてい》探検を楽しんだ。ハイライトは、野生のサルの喧嘩《けんか》に遭遇したことだった。

2匹のサルは、人間を気にする素振りもなくやり合っていた。形勢は片方に傾いていて、力の差がありそうだった。すると子どもたちが、大声で劣勢のサルを応援し始めた。声援と、サルの唸《うな》り声が谷間に響きわたった。

この年から新たな体験メニューとして加えたのは、フジバカマの植え込みだ。わたしは子どもたちに、アサギマダラについて語った。全員で植えたフジバカマに、来年はアサギマダラがやってくるかもしれない。そのとき子どもたち自身がマーキングすれば、夢をのせたアサギマダラは海の向こうを目指して旅する。

11月に入ると、今度はあさひ野小学校の6年生が、卒業記念の掛け軸にする和紙作りにやってきた。蒸し終わったコウゾの皮を剝ぎ、さらに薄い表皮を小刀で削り取った。ていねいに、真剣に初めての作業に取り組む。わたしが「合格!」と声を上げると、わっと歓声が上がった。

休憩の自由時間には「旅する蝶」について話し、子どもたちと一緒に谷間の堰堤広場にフジバカマの種を蒔《ま》いた。発芽して、広場全体がアサギマダラの楽園になることを目指した。

夢創塾でマーキングされたアサギマダラが、台湾の離島で見つかったのは11月10日だった。藤條さんから連絡を受けてわたしは驚いた。現地の住民が捕まえて、フェイスブックに写真付きで投稿したのだ。ネット上の写真を見ると、長旅を経た翅は先がぼろぼろだったが、くっきりと「TSN 9/25 4893」のマーキングが記されていた。何だか夢を見ているようだった。

マーキングの「TSN」のTは富山県、Sは自然博物園、Nはねいの里の略で、「9/25」は捕獲日、「4893」はわたしに与えられた識別番号を表す。わたしには4700から5000までの番号が付与されていて、4893はわたしがマーキングした194頭目の個体ということになる。

富山県内のアサギマダラ調査は、県自然博物園ねいの里に事務局がある。ねいの里は県内から国外に渡った初めての事例としてこれを発表し、大きく新聞に載った。9月25日に夢創塾で放たれたアサギマダラは、46日をかけて九州、沖縄を越え、台湾まで2272キロを飛んだ。1日平均50キロを移動し続けたのだった。

国内の最長記録は、和歌山県でマーキングされた個体が、一度高知県で捕獲され、さらに放されて香港まで飛んだ2500キロである。国内記録には及ばないが、そもそもこれは競技ではない。わたしは感動した。夢創塾でこの手から飛び立ったアサギマダラとともに、自分も洋上を渡った気がし、捕獲された台湾の離島へ行ってみたいと思った。感動できることはわたしの才能であり、感動はいつもエネルギーを生み出す。

翌年、子どもたちと一緒に植え、種をまいたフジバカマはすくすくと成長した。4月には、6畝《せ》に増えた畑で一斉に芽吹きが始まった。前年の倍以上の株数だった。さらに10日後、谷間の堰堤付近にまいた種が発芽し、小さな葉っぱがびっしり広がり始めた。

アサギマダラの渡りは春から初夏にかけての北上と、秋の南下がある。大型連休明けに「関西まで北上してきた」と知らせが入り、5月末には夢創塾でも捕獲。「青森まで無事に飛んでくれ」と願いながらマーキングしたが、一般的に北上は数が少ない。大量の飛来が期待できるのは秋だ。

北上の時期が終わり、谷間のフジバカマは成長とともに過密になっていた。これを近くに移植して、広げていた日のことだ。谷川の下から人の声がした。聞き取れないので広場に下りると、年配の男性が立っていた。大地山の登山者で、律儀にも広場に車を停めたいというお願いだった。見れば熊本ナンバーである。

「どうして大地山に」

「北陸自動車道を走っていて、スマホで大地山を知ったんです」

聞けば定年を機に、車中泊しながら山登りを楽しみ、熊本から北上して最後は北海道の山を目指しているという。

「会社勤めが終わったので、自分の人生を楽しみたいと思ったんです。ところであなたは今、何をされていたんですか」

わたしはアサギマダラの北上と南下や、自然体験学校について話した。ひととき、お互いの生き方を語り合い、山へ向かう男性を見送った。無事に北海道へたどり着き、熊本に戻って今はどんな第二の人生を歩み始めているのだろうか。大地山を縁にした一期一会である。

この年、わたしは冬までに275頭を放蝶し、京都、静岡、山口、奄美《あまみ》大島などで再捕獲された。

登山者たち

早春の3月、雪に閉ざされていた夢創塾への林道が開通すると、広場と周辺には早朝からずらりと車が並ぶ。十数台、多い時に20台を超えることもあって、新潟や石川ナンバーをはじめとした県外の車も多い。大地山の春山シーズンが始まったのだ。

朝出て午後に下山してくるパーティーや、テント泊で大地山からさらに奥の初雪山に挑戦する人たちもいる。単独行、数人のグループ、男性のリーダーに率いられた女性たちと顔ぶれは多彩だ。女性登山者はみんな装備がカラフルで元気がいい。

わたしを見かけると、たいていは挨拶《あいさつ》して声をかけてくれる。駐車のお断りを入れ、コース状況を尋ねたり、また水場やトイレを借りるお礼だったりする。一方で、無言のまま所かまわず駐車して山に入り、いつの間にか消えている登山者もいて、人はそれぞれだ。

「天気がよくて最高でした」

「眺めが素晴らしかった」

下山して、笑顔で感謝を伝えてくれる人がいるとうれしい。バタバタ茶でもてなし、山の状況を聞いて、後続登山者にその情報を伝える。フキノトウやススタケなど山菜シーズンなので、タイミングが合えば天ぷらや山菜料理を楽しんでもらうこともある。

まれに「早朝から登るので、小屋に前泊させてほしい」と予約が入る。囲炉裏の炭火を暖房にして夢創小屋に泊まってもらい、しばし料理や酒でもてなす。山梨県の登山者にホタルイカのしゃぶしゃぶを振る舞ったことがあった。男性は珍しい味に喜び、翌年は山梨の高級ワインをどっさりお土産に持って再訪してくれた。

山仲間の語らいに安酒は欠かせないが、後日高価な大吟醸を送ってくれた人もいて、山を通じて友人が増えることはわたしにとって大きな喜びだ。

登山客のピークは春山で、山上の残雪が消える大型連休前後から徐々に減り、秋の紅葉シーズンはにぎわいを取り戻す。

「大地山から鍋倉山あたりまで紅葉が真っ盛りで、見事でした」

「それはよかった」

そんな会話をして夢創塾から山を見上げると、標高700メートルのイガスラ平のブナ林が、黄色く色づき始めているのが見える。紅葉が下りてくると、奥山のキツネやイタチ、テンも餌を求めて生活圏が下りてくる。間もなく夢創塾のアイガモたちにとっては、野獣から身を守らなければならない試練の時期が始まるのだ。

わたしが裏山から大地山山頂への登山道を作り始めたのは、30年近く前だった。コース後半は若い山仲間の力を借り、3年がかりで開通させたが、当時これほどの人気になるとは想像していなかった。

大地山登山道は、いきなりスギ林の急勾配から始まる。斜度が45度を超えるほどで、張られた固定ロープをつかみながら一直線に登る。スギ林を抜けて尾根に取り付くと、アカマツと広葉樹になるが、そこもしばらく急勾配が続く。山頂までの登山道は、序盤がもっともきつい。

当初はこの急勾配が、絶好のトレーニング場として一部で知られるようになった。登山訓練でよく使われる北アルプスの早月尾根まで行かなくても、身近な山で訓練できるのだ。「きついよ」「面白いよ」と口コミが広がった。県警山岳警備隊が訓練の場にした時期もある。かつては自分にとっても、アメリカのカスケード山脈にある聖山16座を全踏破するための、体力作りのルートだった。一般登山者もきたが、まだそれほど多くはなかった。

転機は、山の雑誌に大地山と初雪山の特集が載ったことだった。このルートの春山の素晴らしさが紹介された。掲載の翌年、平成22（２０１０）年に民主党政権の高速道路無料化社会実験が実施されて、これが予想外の追い風になる。5月の大型連休には連日、高速道路を使って関西などから80～90台の車がやってきた。夢創塾の広場に車が入り切らず、わたしは駐車場の整理に追われることになった。

さすがに混乱はやがて収まったが、大地山は登山愛好家の間にすっかり定着し、県山岳連盟の「富山の百山」にも選ばれた。ところが、わたしは忙しくて登山道の維持管理がほとんどできない。ありがたいことに、わたしに代わって山仲間たちが、しばしばルートの維持整備を担ってくれた。テントに泊まり込んでのボランティア作業である。草木の勢いに加え、雪の重みで倒れた木や、虫に食われた倒木が登山道を塞《ふさ》ぐなど、管理作業は常に必要だった。「大地山登山道」の看板も、入り口に設置してもらった。頂上にも標柱があったほうがいいと、それも立ててもらった。ところが頂上の標柱は、何度立ててもクマが壊してしまうので困った。どうやら「大地山山頂」と大書きしたペンキの匂いが、クマを惹《ひ》きつけるらしい。

登山道の途中、標高555メートル地点に樹齢300年を超すアカマツの巨木がある。かつて道を拓いたとき、わたしはその大きさに驚き、シンボルにしようと思った。景観を遮っていた周囲の雑木を切り払い、ベンチを設置した。下に蛭谷集落が見え、黒部川扇状地を一望し、さらに富山湾の向こうに能登半島まで遠望できる絶好のビューポイントになった。

その地点も手入れがなかなかできず、やがて見る影もなくなっていた。令和4（2022）年の初夏、ビューポイントを復活させようと、わたしはチェーンソーと草刈機を担いで急斜面を登った。生い茂った雑木やタケを払おうとしたら、チェーンソーが故障。無理して草刈機を使うと、歯が欠けてしまった。結局、手でひくノコギリが一番の道具で、数日がかりで復活させた。

見下ろすと、吹き上げてくる涼風が心地よかった。わたしは登山者にこんな声がけができるようになった。

「まず555メートルまで頑張れば、いい景色が見れますよ」

登山道の最初の急勾配は今年（令和5年）、協力隊員の横山さんの助力でジグザグの道に生まれ変わり、直登ルートに張ってあった固定ロープを回収した。ようやく懸案事項を解消でき、以前を知る登山者、特に女性から大好評である。

そしてこれから

ヤギやアイガモに次いで、夢創塾の一員として特大のフクロウが加わったのは昨年の夏だった。生きたフクロウではない。スギの丸太を削ったチェーンソーアートだ。

折谷孝良さんという人から、作品を夢創塾に飾りたいという要望があり、わたしは興味津々で受け入れた。チェーンソーは林業に必須の道具で、わたしも日常的に使ってきた。数年前にチェーンソーでアート作品を創る世界があると知って以来、テレビなどで取り上げられると、熱心に見入っていた。できるものなら、わたしもやってみたかったのである。

夢創塾にやってきた折谷さんは、2時間余りで見事なフクロウを彫り上げた。不要な丸太に命が吹き込まれていく見事な技に、わたしは感嘆した。聞けば小中学校に出向き、子どもたちの前でも実演しているという。本業は重機のオペレーターだ。折谷さんはそれから、夢創塾の常連の一人になり、大型の看板作品「夢創塾」をチェーンソーで彫ってくれた。たまたま自然体験や見学で居合わせた人たちは、作品を仕上げていく技に大喜びだった。

旅する蝶も、新たな夢創塾の一員である。秋になれば、またアサギマダラがやってくるだろう。株分けしたフジバカマは、広場の畝と谷川のそばでさらに広がっている。捕獲とマーキングに明け暮れた昨年秋、わたしはふと、アサギマダラの身になって考えた。ちょうど人生最後と決めた炭焼きの準備に取り掛かり、飛来時期が終わったころだった。

アサギマダラにとって、長い移動の途中に花の蜜を吸い、エネルギーを得るのは生きるための懸命な営為だ。そこを狙いすまして捕えられ、翅にマークを書き込まれることは、受難でしかないだろう。調査を名目に、単に遠くで再捕獲されたと喜ぶのは、人間の独りよがりに思え始めたのだ。

今年からわたしは、マーキングと放蝶にルールを設けることにした。広場の畝にやってきたアサギマダラは捕獲、マーキングする。谷川沿いのフジバカマに集まる群れはただ観察し、見て楽しむだけにする。子どもたちの自然体験学習も同じルールで、旅する蝶たちと付き合おうと思う。

仙人になって、いろいろな宝物を手にすることができた。自然体験学習に参加した子どもたちから届いた感想文は、何千枚にもなった。その一枚一枚が宝物だ。最後に焼き上げたナラ木の炭。わたしの歩みと父の記憶、蛭谷の男たちの技を込めた黒炭だ。いつか火をつけたとき、炭は赤々と温かく燃えてくれるだろう。

炭焼き人生に終止符を打ったが、現代の仙人はもうしばらく、休むわけにはいかない。

著者近影

著者略歴

長崎《ながさき》　喜一《きいち》
1941年　富山県南保村（現朝日町）蛭谷《びるだん》に生まれる
泊高校、東京農業大学卒
富山県職員として農林水産部門を歩む
在職中に自然体験学校・夢創塾を創設　塾長
元NPO法人グリーンツーリズムとやま理事長
元富山県山岳連盟理事長、副会長
日本人として初めて米カスケード山脈聖山16座踏破
夢創塾の活動による総務大臣表彰など受賞多数

参考文献

『朝日町誌　文化編』朝日町（１９８４年）
『二人の炭焼、二人の紙漉』米丘寅吉（桂書房、２００７年）
『角川日本地名大辞典』（角川書店）
「日本表現派の主張Ⅳ　長崎助之丞展～蛭谷紙に魅せられて」図録（朝日町立ふるさと美術館、１９９７年）
『沈黙の森』（北日本新聞社、２００５年）
北日本新聞ほか各紙掲載記事

書名　仙人記《せんにんき》　夢創塾《むそうじゅく》とわたしの歩《あゆ》み
著者　長崎《ながさき》　喜一《きいち》
発行日　2023年9月1日
発行者　蒲地　誠
発行所　北日本新聞社
〒930-0094　富山市安住町2番14号
電話　076-445-3352
制作　北日本新聞開発センター　出版部
編集　棚田　淳一（編集工房　くー）
装丁　寺越　寛史（アイアンオー）
印刷所　北日本印刷
定価はカバーに記載しています。

ISBN978-4-86175-122-6 C0023